高等学校公路工程造价系列课程配套教材

Gonglu Gongcheng Zaojia Bianzhi yu Yingyong
公路工程造价编制与应用

赖雄英　郭俊飞　主　编
　　　　张兰峰　副主编

人民交通出版社股份有限公司
China Communications Press Co.,Ltd.

内容提要

本书为高等学校公路工程造价系列课程配套教材。全书共分为7章。第1章公路工程造价,第2章概预算编制流程,第3章施工图预算编制,第4章清单招投标编制,第5章高级操作技巧,第6章公路工程案例分析,第7章配套实战操作例题和配套视频。

本书可供从事公路工程项目建设的业主和路桥公司、设计院、施工单位、财务、审计单位和咨询单位等部门相关专业的工程技术人员学习和参考,也可作为高等院校交通专业、道路桥梁工程造价专业、土木工程类工程造价等的辅导教材。

图书在版编目(CIP)数据

公路工程造价编制与应用 / 赖雄英,郭俊飞主编.
—北京:人民交通出版社股份有限公司,2018.10
ISBN 978-7-114-14994-8

Ⅰ.①公⋯ Ⅱ.①赖⋯ ②郭⋯ Ⅲ.①道路工程—工程造价–编制–高等学校–教材 Ⅳ.①U415.13

中国版本图书馆 CIP 数据核字(2018)第 208000 号

高等学校公路工程造价系列课程配套教材

书　　名:	公路工程造价编制与应用
著 作 者:	赖雄英　郭俊飞
责任编辑:	刘永芬
责任校对:	刘　芹
责任印制:	张　凯
出版发行:	人民交通出版社股份有限公司
地　　址:	(100011)北京市朝阳区安定门外外馆斜街3号
网　　址:	http://www.ccpress.com.cn
销售电话:	(010)59757973
总 经 销:	人民交通出版社股份有限公司发行部
经　　销:	各地新华书店
印　　刷:	北京鑫正大印刷有限公司
开　　本:	787×1092　1/16
印　　张:	10
字　　数:	227 千
版　　次:	2018 年 10 月　第 1 版
印　　次:	2018 年 10 月　第 1 次印刷
书　　号:	ISBN 978-7-114-14994-8
定　　价:	36.00 元

(有印刷、装订质量问题的图书由本公司负责调换)

《公路工程造价编制与应用》
编 委 会

主　编：赖雄英　郭俊飞
副主编：张兰峰（广东交通职业技术学院）
编　委：赵晞伟　熊　俐　牛永强
　　　　帅潇风　王　灿　张芮珩
　　　　杨素芬　赵　翩　甘嘉文

前　言

近年来，我国公路交通事业迅猛发展。为了满足高等学校对公路工程造价系列课程教材的需求，培养公路工程造价管理人才，适应社会主义市场经济的需要，提高公路工程造价从业人员的理论水平和实际操作能力，让广大的工程行业从业人员和公路造价技术人员更好地学习并掌握应用工程造价编制的理论知识与专业技能，特此根据之前编著的《同望公路工程造价软件应用——简易手册》，进行修编增补，并结合公路工程实例编写了这本《公路工程造价编制与应用》辅导教材。

本教材内容主要包括：公路工程造价编制的操作方法和公路工程造价相关知识。全书共分为7章。第1章为公路工程造价，第2章为概预算编制流程，第3章为施工图预算编制，第4章为清单招投标编制，第5章为高级操作技巧，第6章为公路工程案例分析，第7章为配套实战操作例题和附录配套视频。

本书可供从事公路工程项目建设的业主、路桥公司、设计院、施工单位、财务审单位和咨询单位等部门相关专业的工程技术人员学习和参考，也可作为高等院校交通、道路桥梁、土木工程类工程造价等相关专业的辅导教材。

编写过程中，赖雄英负责教材的整体编写，张兰峰、张芮珩、帅潇凤、王灿参与部分章节编写，易路教育的郭俊飞提供了案例分析数据与专业的指导建议，赵晗伟、熊俐、牛永强提供了宝贵的指导意见，杨素芬、赵翩、甘嘉文对软件编写部分提供技术支持与帮助。

感谢对同望科技支持与厚爱的用户们，正是你们的需求汇成了本教材编著完成的原动力。这本集造价理论与实操一体的辅导教材，让大家在编制造价的工作过程中，遇到不懂的问题时，可以快速查阅的手册，提高工作效率，节省时间。

感谢本书从策划之初，到本书完稿、出版给予大力支持的广州交通书店和人民交通出版社的领导和编辑，正是你们的帮助，使本教材得以顺利出版。

因时间有限，书中定会有不足和缺陷，欢迎广大读者和用户批评指正。

意见反馈：1977159238@qq.com

赖雄英
2018年9月12日

目 录

第1章 公路工程造价 （1）
1.1 概述 （1）
1.2 计价依据 （1）
1.3 定额、指标 （2）
1.4 计价模式 （3）
1.5 基本建设程序 （4）
1.6 公路工程计价体系 （6）
思考练习 （7）

第2章 概预算编制流程 （8）
2.1 概预算资料准备 （8）
2.2 设计图纸、资料研读及基本编制步骤 （8）
2.3 外业调查资料及施工方案分析 （9）
2.4 分项 （9）
2.5 工程量计算 （10）
2.6 查定额 （10）
2.7 基础单价的计算 （10）
2.8 分项工程的直接费和间接费计算 （10）
2.9 建筑安装工程费计算 （11）
2.10 实物指标计算 （11）
2.11 其他有关费用计算 （11）
2.12 总概预算表编制及造价分析 （11）
2.13 综合概预算编制 （12）
2.14 编制说明 （12）
2.15 复核与审核 （12）
2.16 印刷、装订及报批 （12）
思考练习 （12）

第3章 施工图预算编制 （13）
3.1 概述 （13）
3.1.1 系统特点 （13）
3.1.2 编制流程 （13）
3.2 新建项目 （14）
3.2.1 下载、安装和登录同望系统 （15）
3.2.2 项目管理界面 （16）

3.2.3　新建项目及造价文件 …………………………………… (17)
3.3　预算书编制 ……………………………………………………… (21)
　　3.3.1　概(预)算总费用 …………………………………………… (22)
　　3.3.2　第一部分建筑安装工程费 ………………………………… (23)
　　3.3.3　第二部分设备、工具、器具及家具购置费 ………………… (40)
　　3.3.4　第三部分工程建设其他费用 ……………………………… (42)
　　3.3.5　预备费 ……………………………………………………… (45)
3.4　取费程序 ………………………………………………………… (47)
　　3.4.1　工程费率概述 ……………………………………………… (47)
　　3.4.2　费率选取 …………………………………………………… (48)
　　3.4.3　特别取费说明 ……………………………………………… (50)
3.5　工料机汇总 ……………………………………………………… (52)
　　3.5.1　人工费 ……………………………………………………… (53)
　　3.5.2　材料费 ……………………………………………………… (58)
　　3.5.3　机械台班 …………………………………………………… (62)
3.6　报表打印 ………………………………………………………… (63)
　　3.6.1　打印报表 …………………………………………………… (64)
　　3.6.2　导出报表 …………………………………………………… (65)
　　3.6.3　报表设置 …………………………………………………… (66)
3.7　数据交互处理 …………………………………………………… (69)
　　3.7.1　导出模板文件 ……………………………………………… (69)
　　3.7.2　导入模板文件 ……………………………………………… (70)
　　3.7.3　上传到云存储 ……………………………………………… (70)
　　3.7.4　生成网页浏览 ……………………………………………… (71)
思考练习 ………………………………………………………………… (73)

第4章　清单招投标编制 …………………………………………… (74)

4.1　清单编制流程 …………………………………………………… (74)
4.2　新建清单造价文件 ……………………………………………… (75)
4.3　工程量清单 ……………………………………………………… (76)
　　4.3.1　招标阶段 …………………………………………………… (76)
　　4.3.2　投标阶段 …………………………………………………… (76)
4.4　第100章总则处理 ………………………………………………… (79)
　　4.4.1　第100章清单 ………………………………………………… (79)
　　4.4.2　清单说明 …………………………………………………… (80)
　　4.4.3　费用计算 …………………………………………………… (84)
4.5　分摊功能 ………………………………………………………… (85)
　　4.5.1　分摊概述 …………………………………………………… (85)
　　4.5.2　分摊操作 …………………………………………………… (86)

4.6 调价功能	(89)
4.6.1 正向调价	(90)
4.6.2 反向调价	(91)
4.6.3 撤销清空调价	(92)
4.7 报表输出	(92)
4.8 某清单案例报表成果	(93)
4.8.1 投标报价汇总表	(93)
4.8.2 工程量清单表	(94)
4.8.3 计日工表	(97)
4.8.4 暂估价表	(98)
4.8.5 工程量清单单价分析表	(98)
4.8.6 原始数据表	(98)
思考练习	(110)
第5章 高级操作技巧	(111)
5.1 项目管理	(111)
5.1.1 项目导航	(111)
5.1.2 多项目打开	(111)
5.2 预算书管理	(113)
5.2.1 预算书导航	(113)
5.2.2 快捷填写工程数量	(114)
5.2.3 统计混凝土数量	(115)
5.2.4 补充定额应用	(117)
5.2.5 组价方案应用	(119)
5.3 审核功能应用	(121)
5.3.1 审核内容	(121)
5.3.2 审核方法	(122)
5.3.3 审核操作	(123)
思考练习	(126)
第6章 公路工程案例分析	(127)
6.1 路基工程	(127)
6.2 路面工程	(128)
6.3 隧道工程	(130)
6.4 桥梁工程	(132)
思考练习	(136)
第7章 配套实战操作例题	(137)
7.1 施工图预算编制实例	(137)
7.1.1 编制信息	(137)
7.1.2 预算书内容	(138)

  7.1.3 工料机汇总 …………………………………………………（141）
  7.1.4 项目汇总与报表输出 …………………………………………（141）
  7.1.5 本示例计算参考总造价 …………………………………………（141）
 7.2 清单预算投标实例 ……………………………………………………（141）
  7.2.1 编制信息 ………………………………………………………（141）
  7.2.2 预算书内容 ……………………………………………………（143）
  7.2.3 工料机汇总 ……………………………………………………（147）
  7.2.4 项目汇总与报表输出 …………………………………………（148）
  7.2.5 本示例计算参考总造价 …………………………………………（148）
附录 配套视频 …………………………………………………………………（149）
参考文献 ……………………………………………………………………………（151）

第1章 公路工程造价

1.1 概述

公路工程造价是指公路工程建设项目从筹建到竣工验收交付使用所需的全部费用。公路工程造价编制，则是泛指估算、概算、预算、标底、报价、工程结算和竣工决算等造价文件的编审工作。

根据公路工程的基本建设程序，在项目建设书和可行性研究、初步设计及技术设计、施工图设计、招投标、工程施工、竣工验收等工作中，应编制投资估算、设计概算或修正概算、施工图预算、标底（或招标控制价）和报价、工程结算和竣工决算。

公路建设工程投资估算是项目立项和决策的重要依据，是控制概算或预算的一个尺度；设计概算或修正概算是初步设计或技术设计的重要组成部分，是建设项目投资的最高限额；施工图预算是组织建设项目实施的指导性文件；标底和报价是评标依据；工程结算是施工合同管理的重要手段；竣工决算是确定新增固定资产价值、全面反映建设成果的文件，是竣工验收和移交固定资产的依据。

为满足公路基本建设过程中不同阶段投资控制的需要，各个阶段的造价编制之间，是一种由粗到细，前者控制后者，后者落实或修正前者的相互制约、相互影响、紧密相连的关系。

1.2 计价依据

计价依据是指用以计算工程造价的基础资料的总称，除包含定额、指标、费率、基础单价、工程造价信息外，还包括设计图纸及工程量数据或招标文件及工程量清单，政府主管部门颁发的各种有关经济法规、政策、计价办法等。

交通运输部颁布的《公路工程基本建设项目投资估算编制办法》（JTG M20—2011）、《公路工程基本建设项目概算预算编制办法》（JTG B06—2007）、《公路工程估算指标》（JTG/T M21—2011）、《公路工程概算定额》（JTG/T B06-01—2007）、《公路工程预算定额》（JTG/T B06-02—2007）、《公路工程机械台班费用定额》（JTG/T B06-03—2007）、《公路工程标准施工招标文件（2018年版）》（交通运输部2017年第51号）以及各省交通主管部门发布的有关补充规定、与工程造价相关的国家法规和政策（如税种、税率、利率和汇率）、招标文件及工程量清单、工程造价信息等，都是编制公路工程造价文件的计价依据。

1）概算（修正概算）编制依据

(1) 国家发布的有关法律、法规、规章、规程等。

(2) 现行的《公路工程概算定额》《公路工程预算定额》《公路工程机械台班费用定额》及《公路工程基本建设项目概算预算编制办法》等。

(3)工程所在地省级交通主管部门发布的补充计价依据。

(4)批准的可行性研究报告(修正概算时为初步设计文件)等有关资料。

(5)初步设计(或技术设计)图纸等设计文件。

(6)工程所在地的人工、材料、机械及设备预算价格等。

(7)工程所在地的自然、技术、经济条件等资料。

(8)工程施工方案。

(9)有关合同、协议等。

(10)其他有关资料。

2)预算编制依据

(1)国家发布的有关法律、法规、规章、规程等。

(2)现行的《公路工程预算定额》《公路工程机械台班费用定额》及《公路工程基本建设项目概算预算编制办法》等。

(3)工程所在地省级交通主管部门发布的补充计价依据。

(4)批准的初步设计文件(或技术设计文件,若有)等有关资料。

(5)施工图纸等设计文件。

(6)工程所在地的人工、材料、设备预算价格等。

(7)工程所在地的自然、技术、经济条件等资料。

(8)工程施工组织设计或施工方案。

(9)有关合同、协议等。

(10)其他有关资料。

1.3 定额、指标

定额是规定在生产中各种社会必要劳动的消耗量的标准额度。在建筑工程施工过程中,完成任何一件产品,都需要消耗一定数量的人工、材料和机械,而这些资源的消耗是随着生产中各种因素的不同而变化的。定额就是在正常生产条件以及合理组织施工、合理使用材料和机械的情况下,完成单位合格产品所必需的人工、材料、机械、设备及资金消耗的限额标准。

工程建设定额是在正常施工条件下,完成规定计量单位的符合国家技术标准、技术规范(包括设计、施工、验收等技术规范)和质量评定标准,并反映一定时间施工技术和工艺水平所必需的人工、材料、施工机械台班(时)消耗量的额定标准。

定额是标准,是算工、算料、算机械台班消耗量的依据。

定额、指标有两部分:一部分是实物定额、指标;另一部分是费用定额。公路工程实物定额、指标是指《公路工程概算定额》《公路工程预算定额》《公路工程估算指标》中所规定的定额、指标。费用定额是指《公路工程机械台班费用定额》以及《公路工程基本建设项目概算预算编制办法》《公路工程基本建设项目投资估算编制办法》中规定的各项费用定额(或费率)。

工程建设定额是一个综合概念,是工程建设中各类定额的总称。它包含许多种类定额,由于具体的生产条件各异,根据使用对象的组织和生产目的的不同,编制不同的定额。

按定额反映的物质消耗内容,可以把工程建设定额分为劳动消耗定额、机械消耗定额和材料消耗定额三种;按定额的编制程序和用途来划分,可以把公路工程定额分为施工定额、预算定额、概算定额、投资估算指标四种;按主编单位和管理权限不同,工程建设定额可分为全国统一定额、行业统一定额、地区统一定额和企业定额四种。

随着新工艺、新材料和新技术的不断涌现,定额应该及时补充新内容。补充定额就是随着设计、施工技术的发展,在现行定额不能满足需求的情况下,为了补充缺项所编制的定额,例如各省、自治区、直辖市交通运输厅可编制公路工程概算、预算补充定额,公路工程机械台班费用补充定额。补充定额只能在指定的范围内使用,并可以作为以后修订新定额的基础。

1.4 计价模式

工程造价的计价模式与社会经济体制相适应,随着我国经济体制和工程造价管理体制改革的不断深入,工程造价的计价模式也发生了根本性的变化。目前,我国工程造价有两类计价模式:一类是定额计价模式;另一类是工程量清单计价模式。

1) 定额计价模式

定额计价模式是我国长期以来在工程价格形成中采用的计价模式,又称工料单价法,是根据国家、各部门或地区颁布的统一估价指标、概算定额、预算定额和相应的取费标准进行工程计价的模式,它又分为预算单价法和实物量法两种。

(1) 预算单价法

预算单价法是指在计价中以定额为依据,按定额规定的分部分项子目,逐项计算工程量,套用定额单价(或单位估价表)中各分项工程单价,确定直接工程费,然后按规定的取费标准确定措施费、间接费、利润和税金,汇总形成建筑安装工程费。

预算单价法是造价主管部门根据社会平均消耗水平和平均成本制订的"量价合一"的计算标准。它既规定了工程量的实物资源消耗量标准,又规定了单价及各种取费费率和计算方法。

(2) 实物量法

实物量法是指按统一的工程量计算规则和预算定额确定分部分项工程的人工、材料、机械台班消耗量,分别乘以地方政府造价主管部门定期发布的人工、材料、机械台班的"指导价"(市场价)计算出各分部分项工程的人工费、材料费机械使用费,汇总得到单位工程直接工程费;再根据地方政府造价主管部门制定的指导性费率标准和企业的自身情况计算其他工程费、间接费、利润和税金,汇总形成建筑安装费。

实物量法是"定额量、指导价、竞争费"的量价分离计价模式。

采用这种方法计算和确定工程造价简单、快速、准确,有利于工程造价管理部门的管理。但预算定额中工、料、机的消耗量是根据"社会平均水平"综合测定的,费用标准是根据不同地区水平平均测算的,因此企业采用这种模式报价时就会表现为平均主义,不能充分调动企业加强管理的积极性,也不能充分体现市场公平竞争的基本原则。这种计价模式还不是真正的市场经济计价模式,而是在工程招标投标尚未完全成熟时,为避免低价恶性竞争和确保工程质量而采用的一种过渡模式。

2)工程量清单计价模式

工程量清单计价模式是区别于定额计价模式的一种新的计价方式,中华人民共和国住房和城乡建设部于2008年发布了《建设工程工程量清单计价规范》,并于2013年进行了更新。交通运输部结合公路工程施工招标特点,于2009年发布了《公路工程标准施工招标文件》,规定了公路工程招标投标必须采用工程量清单计价模式,并于2018年进行了更新。

工程量清单计价模式是指在建设工程招(投)标中,根据规范要求,招标人按照统一的项目编码、项目名称、计量单位、工程量计算规则和统一的格式,提供分部分项工程项目、措施项目、其他项目的名称及相应工程数量的明细清单,由投标人依据工程量清单及自身的技术、财务、管理能力和市场价格,并结合企业定额自主报价的计价方式,即市场定价模式。

工程量清单计价模式有利于施工企业自主报价和公平竞争,也有利于规范招标人的招标行为,在技术上避免招标中弄虚作假和暗箱操作,保证工程款的支付结算。

1.5 基本建设程序

基本建设程序是指基本建设项目在立项、决策、设计、施工、竣工验收并交付使用的整个建设过程中,各项工程必须遵循的先后工作次序。它是由基本建设项目自身的特点和客观规律决定的,是建设项目科学决策和顺利实施的重要保证,也是按照自然规律和经济规律管理建设项目的一个根本原则。

我国公路工程基本建设程序包括如下方面。

1)项目建议书

项目建议书的内容一般应包括初步的建设方案、规模和主要技术标准;对主要工程、外部环境、土地利用、协作条件、项目投资、投资估算和资金筹措、经济效益等内容进行初步分析等。

项目建议书一般由建设单位提出或委托专业机构编制,上报主管部门审批,报批后就可以进行详细的可行性研究工作。

2)可行性研究报告

根据批准的项目建议书,在初测基础上进行可行性研究,编制可行性研究报告。可行性研究报告是项目决策的依据,主要是在充分的调查研究、预测、评价和必要的勘察工作的基础上,对建设项目的必要性、技术可行性、实施可能性、经济合理性等提出综合性论证报告。可行性研究报告经审批后作为初步测量及编制初步设计文件的依据。

3)设计工作阶段

设计是对拟建工程的实施在技术上和经济上所进行的全面而详尽的安排,是控制投资、编制招标文件、组织施工和竣工验收的重要依据。可行性研究报告已批准的建设项目应通过招标择优设计单位,设计文件的编制必须符合现行《公路工程基本建设项目设计文件编制办法》的规定。

公路基本建设项目一般采用两阶段设计,即初步设计和施工图设计;对于技术复杂而又缺乏基础资料、经验不足的建设项目,或建设项目中的特大桥、互通式立体交叉、隧道、高速公路和一级公路的交通工程及沿线设施中的机电设备工程等,必要时可进行三阶段设计,即初步设计、技术设计和施工图设计。

(1) 初步设计

初步设计应根据批准的可行性研究报告、测设合同及勘测资料进行编制。一般包括：拟定修建原则，选定设计方案，计算工程数量，提出初步施工方案的意见，编制初步设计概算，提供文字说明及图表资料。初步设计文件经审查批准后，是国家控制建设项目投资及编制施工图设计文件的依据，并且为订购主要材料、机具、设备、征用土地等工作提供资料。

(2) 技术设计

技术设计应根据批准的初步设计和补充初测(或定测)资料，解决初步设计中未能解决的重大、复杂的技术问题，通过科学试验、专题研究及分析比较，落实技术方案，计算工程数量，提出修正的施工方案，编制修正设计概算。技术设计经批准后，作为施工图设计的依据。

(3) 施工图设计

施工图设计应根据批准的初步设计(或技术设计)和定测资料，进一步对审定的修建原则、设计方案、技术设计加以具体和深化，最终确定工程数量，提出文字说明和满足施工需要的图表资料及施工组织计划，并编制施工图预算。

施工图设计文件一般由以下部分组成：①总说明书；②总体设计；③路线；④路基、路面及排水；⑤桥梁、涵洞；⑥隧道；⑦路线交叉；⑧交通工程及沿线设施；⑨环境保护；⑩渡口码头及其他工程；⑪筑路材料；⑫施工组织计划；⑬施工图预算；⑭附件。

4) 工程招标投标

按照现行《中华人民共和国招标投标法》的规定，凡是符合招标范围和标准的建设项目都必须进行招标，包括工程勘察、设计、施工、监理以及重要物资、设备的采购。招标是由建设单位根据交通运输部颁发的《公路工程标准施工招标文件》的规定进行，从投标单位中择优选定承包商。

5) 施工准备及工程施工

为了保证工程的顺利进行，建设单位、勘察设计单位、施工单位、工程监理单位等都应在准备阶段充分做好各自的准备工作。

建设单位应组建专门的管理机构；办理登记及征地、拆迁等工作；组织招标、投标活动并择优选择施工单位，签订施工合同；做好施工沿线各有关单位和部门的协调工作，抓紧配套工程项目的落实；提供技术资料、建筑材料、机具设备供应的协助与支持。

勘察设计单位应按照资料供应协议，按时提供各种图纸资料，做好施工图纸的会审及移交工作。

施工单位首先熟悉设计图纸并进行现场核对；编制实施性施工组织设计和施工预算；组织人员、机具材料进场，做好物资采购、加工、运输、供应、储备等工作；进行补充调查和施工测量，修筑便道及生产、生活等临时设施；提出开工报告。

施工单位必须按照工程承包合同规定的日期开始施工。施工过程中，应严格按照设计要求和施工规范，合理组织施工，确保工程质量和进度，安全文明施工，大力推广和实施新技术、新工艺，合理确定和有效控制工程造价。

6) 竣工验收、交付使用

竣工验收是工程建设全过程的最后一道程序。按照交通部颁发的《公路工程竣(交)工验收办法》(交通部令2004年3号)的要求及相关的竣工验收规定，建设单位应认真负责地对全部建设工程进行总验收。竣工验收包括对工程质量、数量、期限、生产能力、隐蔽工程说明和竣工决算等进行细致检查。未经验收或验收不合格的工程，不得交付使用。

当全部基本建设工程验收合格，完全符合设计要求及验收规范后，应立即移交给生产部门正式使用，迅速办理固定资产交付使用的转账手续，加强固定资产管理。

7) 建设项目后评价

建设项目后评价是指建设项目竣工验收合格，正式投产并达到设计生产能力后对项目进行的再评价，是项目管理的延伸。这次再评价与可行性研究报告阶段的前评价前后呼应，通过对项目的立项阶段、设计施工、竣工投产、生产运营等全过程的再一次技术经济分析，来检测项目实施所取得的实际效果与预期效果的偏差，总结投资项目管理经验，为今后的项目决策和投资计划、政策的制定提供依据。

1.6 公路工程计价体系

按照公路工程基本建设程序，工程项目的每一个建设阶段都有相对应的计价工作，从而形成具有特定用途的造价文件。造价工作逐渐由粗到细、由不太准确到比较准确，最终反映工程实际投资。公路工程计价体系的构成如下。

1) 投资估算

投资估算是指在项目建议书和可行性研究阶段，由建设单位或其委托的咨询机构对建设项目的投资额进行的估计。全面准确地估算建设项目的工程造价，是可行性研究乃至整个决策阶段造价管理的重要任务。

投资估算主要根据国家或地区颁发的估算指标、概算定额或类似工程的各种技术经济指标等资料进行编制。在项目建议书阶段，投资估算精度要求误差控制在±30%以内；在可行性研究阶段，投资估算精度要求误差控制在±10%以内。

投资估算是控制设计概算的重要依据，是项目投资的最高限额，不得随意突破。

2) 设计概算或修正概算

设计概算或修正概算是初步设计文件或技术设计文件的重要组成部分。概算应控制在批准的建设项目可行性研究报告投资估算允许上下浮动的范围内。

概算经批准后是基本建设项目投资最高限额，是编制建设项目计划、确定和控制建设项目投资的依据，是控制施工图设计和施工图预算的依据，是衡量设计方案经济合理性和选择最佳设计方案的依据，是考核建设项目投资效果的依据。设计单位应按不同的设计阶段编制概算和修正概算。

编制概算，应全面了解工程所在地的建设条件，掌握各项基础资料，正确引用规定的定额、取费标准、工资单价和材料设备价格，按本办法的规定进行编制，使概算能完整、准确地反映设计内容。

根据已批准的初步设计进行施工招标的工程，其标底或造价控制值应在批准的总概算范围内。

3) 施工图预算

预算是施工图设计文件的重要组成部分，是设计阶段控制工程造价的主要指标。预算经审定后,是确定工程造价、编制或调整固定资产投资计划和考核工程成本的依据。预算应根据施工图设计的工程量和施工方法,按照规定的定额、取费标准、工资单价、材料设备预算价格依本办法在开工前编制并报批。

根据已批准的施工图设计进行施工招标的工程,经审定后的施工图预算是编制标段清单预算,工程标底或造价控制值的依据,也是分析、考核施工企业投标报价合理性的参考;对不宜实行招标而采用施工图预算加调整价结算的工程,经审定后的施工图预算可作为确定合同价款的基础或作为审查施工企业提出的施工预算的依据。

施工图预算是考核施工图设计经济合理性的依据。施工图设计应控制在批准的初步设计及其概算范围之内。如单位工程预算突破相应概算时,应分析原因,对施工图设计中不合理部分进行修改,对其合理部分应在总概算投资范围内调整解决。

4)标底

标底是在建设工程招标阶段,招标人自行编制或委托招标代理机构,依据批准的设计内容、概(预)算、计价办法,参照相关工程定额,结合市场供求状况,综合考虑投资、工期和质量等方面因素,合理确定的工程造价。

标底一般以设计概算和施工图预算为基础编制,不得超过批准的设计概算或施工图预算。一个工程只能编制一个标底。

5)报价

报价是指在工程投标阶段,投标人根据招标文件的要求、相关定额、招标项目所在地区自然及社会经济条件、施工组织设计和投标单位的自身情况,计算完成招标工程所需各项费用的经济文件。

6)竣工结算

竣工结算是指承包商根据施工过程中的设计变更、现场工程量变更签证、材料代用、市场价格变动等实际情况按合同约定及工程价款计算的相关规定,对有合同价进行调整而编制的工程造价文件,是承包商向业主办理结算工程价款的依据。

7)竣工决算

竣工决算是指在竣工验收阶段,由建设单位编制的建设项目从筹建到建成投产或使用的全部实际成本的技术经济文件。

建设项目各个阶段的计价是一个相互衔接,由粗到细、由浅到深、由预期到实际,前者制约后者、后者修正或补充前者的发展过程。

思 考 练 习

(1)简述定额的概念及内涵。

(2)定额一般有几种分类方法?按生产要素分,可以分为哪几种?

(3)简述计价依据的定义,公路工程的计价依据主要包含哪些内容?

(4)概算和预算的计价依据,主要包含哪些内容?简述它们之间的不同点。

(5)公路工程基本建设程序包括几个阶段?每个阶段对应编制造价文件有哪些?

(6)简述公路工程计价体系的构成,并阐述它们之间的层次关系。

第 2 章　概预算编制流程

公路工程概预算的编制是一项十分烦琐而细致的工作,编制质量的高低及各项费用计算是否准确,直接关系着各方主体的经济利益。为了确保概预算文件的编制质量,达到经济合理的目的,理解和掌握概预算的编制步骤和工作内容,无疑是十分必要的。

2.1　概预算资料准备

概预算资料包括概预算表格、定额和有关文件等。在编制概预算前,应将有关文件、定额及各类补充定额等准备齐全,且要将概预算表格备齐。

涉及相关规范:

(1)国家发布的有关法律、法规、规章、规程等。

(2)现行的《公路工程基本建设项目概算预算编制办法》(JTG B06—2007)、《公路工程概算定额》(JTG/T B06-01—2007)、《公路工程预算定额》(JTG/T B06-02—2007)、《公路工程机械台班费用定额》(JTG/T B06-03—2007)等。

(3)工程所在地省级交通主管部门发布的补充计价依据。

(4)批准的可行性研究报告(修正概算时为初步设计文件)等有关资料;批准的初步设计文件(或技术设计文件,若有)等有关资料。

(5)施工图纸等设计文件。

(6)工程所在地的人工、材料、机械及设备预算价格等。

(7)工程所在地的自然、技术、经济条件等资料。

(8)工程施工组织设计或施工方案。

(9)有关合同、协议等。

(10)其他有关资料。

2.2　设计图纸、资料研读及基本编制步骤

编制概算、修正概算、施工图预算等文件之前,应对相应阶段的初步设计、技术设计和施工图设计内容进行检查和整理,认真阅读和核对设计图纸及有关表格,若图纸中所用材料规格或要求不清时,要核对查实。

概预算编制的基本步骤,如图 2-1 所示。

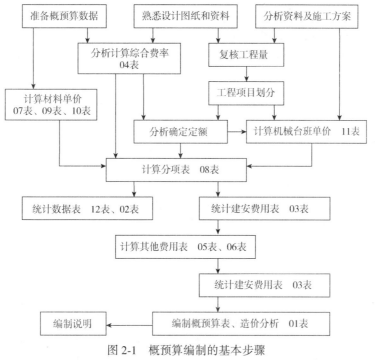

图 2-1　概预算编制的基本步骤

注：图中所涉及样表详见《公路工程基本建设项目概算预算编制办法》。

2.3　外业调查资料及施工方案分析

1）概预算调查资料分析

原则上凡对施工生产有影响的一切因素都必须调查，主要是筑路材料的来源（沿线料场及有无自采材料），材料运输方式及运距，运费标准，占用土地的补偿费、安置费及拆迁补偿费，沿线可利用房屋及劳动力供应情况等。对这些调查资料应进行分析，若有不明确或不全的部分，应另行调查，以保证概预算的准确和合理。

2）施工方案的分析

对于相应设计阶段配套的施工组织设计文件（尤其是施工方案）应认真分析其可行性、合理性、经济性。在编制概预算时，应重点对施工方案进行认真分析。

（1）施工方法：同一工程内容，可以采用不同的施工方法来完成，因此，应根据工程设计的意图和要求，与工程实际相结合，重点分析所选择的施工方法是否最经济。

（2）施工机械：应重点分析是否根据选定的施工方法选配相应的施工机械。

（3）其他方面：运距远近的选择（如土方中取土坑、弃土堆的位置），材料堆放的位置及仓库的设置，人员高峰期设置等是否合理。

2.4　分项

公路工程概预算是以分项工程概预算表为基础计算和汇总而来的，一般公路工程分项时必须满足如下三个方面的要求。

(1)按照概预算项目表的要求分项。

(2)要符合定额项目表的要求。

(3)要符合费率的要求。

按上面三个方面的要求分项后,便可将工程细目一一引出并填入08表中。

2.5 工程量计算

在编制概预算时,应对各分项工程量按工程量计算原则进行计算。一是对设计中已有的工程量进行核对,二是对设计文件中缺少或未列的工程量进行补充计算,计算时应注意计算单位和计算规则与定额的计量单位及计算规则一致。将算得的分项工程量填入08表中。

2.6 查定额

根据分项所得的工程细目(分项工程)即可从定额中查出相应的人工、材料、施工机械名称、单位及消耗量定额值。查出各分项工程的定额基价,并将查得的定额值和定额单位及定额号分别填入08表的有关栏目,再将各分项工程的实际工程换算的定额工程数量乘以相应的定额即可得出各分项工程的资源消耗数量及定额基价,填入08表的数量栏中。

2.7 基础单价的计算

编制概预算的另一项重要工作便是确定基础单价。基础单价是人工工日单价、材料预算单价和施工机械台班单价的统称。定额中除基价和小额零星材料及小型机具用货币指标外,其他均是资源消耗的实物指标。要以货币来表现消耗,就必须计算各种资源的单价。有关单价的计算方法已在前面介绍,公路工程概预算的基础单价通过09表、10表和11表来计算。

(1)根据08表中所出现的材料种类、规格及机械作业所需的燃料和水电编制09表。

(2)根据08表中所发生的自采材料种类、规格,按照外业料场调查资料编制"自采材料场价格计算表"(10表),并将计算结果汇入09表的材料原价栏中。

(3)根据08表、10表中所出现的所有机械种类和09表中自办运输的机械种类,计算工程所有机械的台班单价,即编制"机械台班单价计算表"(11表)。

(4)根据地区类别和地方规定等资料计算人工工日单价。

(5)将上面(1)~(4)项所算得的各基础单价汇总,编制人工、材料、机械单价汇总表(07表)。

2.8 分项工程的直接费和间接费计算

有了各分项工程的资源消耗数量及基础单价,便可计算其直接费与间接费。

(1)将07表的单价填入08表中的单价栏,由单价与数量相乘得出人工费、材料费、机械使用费,并可算得工、料、机合计费用。

(2)根据工程类别和工程所在地区,取定各项费率并计算其他工程费费率和间接费费率,即编制04表。

(3)将04表中各费率填入08表中的相应栏目,并以直接工程费之和为基数计算其他工程费和间接费。

(4)分别在08表中计算直接费和间接费。

2.9 建筑安装工程费计算

建筑安装工程费通过03表计算。

(1)将08表中各分项工程的直接费、间接费按工程(单位工程)汇总填入03表中的相应栏目。

(2)按税收要求计算出间接费中的计税部分。

(3)按编制办法确定利润、税金的百分率,并填入03表的有关栏目。

(4)以(直接费+间接费−利润)为基数计算利润,以(直接费+间接费+利润)为基数计算税金。

(5)合计各单位工程的直接费、间接费、利润和税金,得到各单位工程的建筑安装工程费,总计各单位工程的建安费,得到工程项目的建安费。

2.10 实物指标计算

概预算还必须编制工程项目的实物消耗量指标,这可通过02表的计算完成。

(1)将09表和10表中的人工、材料、机械消耗量汇总编制辅助生产工、料、机单位数量表(12表)。

(2)汇总08表中人工、主要材料、机械台班数量。

(3)计算各种增工数量。

(4)合计上面(1)~(3)项中的各项数据得出工程概预算的实物数量,即得到02表。

2.11 其他有关费用计算

按规定计算第二部分至第三部分费用,即编制05表和06表。

2.12 总概预算表编制及造价分析

(1)编制总概预算表:将03、05、06表中的各项填入01表中相应栏目,并计算各项技术经济指标。

(2)造价分析:根据概预算总金额、各单位工程或分项工程的费用比值和各项技术经济指标进行全面分析,对设计提出修改建议和从经济角度对设计是否合理予以评价,找出合理措施。

2.13　综合概预算编制

根据建设项目要求,当分段或分部编制 01 表和 02 表时,需要汇总编制综合概预算。
(1)汇总各种概预算表,编制"总概(预)算汇总表（01-1 表）"。
(2)汇总 02 表编制"总概(预)算人工、主要材料、机械台班数量汇总表"（02-1 表）。

2.14　编制说明

概预算表格计算并编制完后,必须编制概预算说明,主要说明概预算编制依据,编制中存在的问题,工程总造价的货币和实物量指标及其他与概预算有关但不能在表格中反映的事项。

2.15　复核与审核

复核是指负责编制工程造价的单位,在工程造价编制完成后,由本单位其他具有工程造价执业资格的人员对所编制的工程造价成果进行全面的检查核对,对发现的差错及时进行改正,以提高工程造价的准确性。

审核是指工程造价文件经编制和复核环节后,在印刷装订之前,应按规定由相关部门进行进一步的检查核对,确保工程造价文件符合规定、合理可靠。

复核与审核是编制工程造价文件的一个重要环节,应该在思想上给予足够的重视,在组织上给予必要的保证,选派经验丰富、业务娴熟的造价工程师,专门负责复核审核工作。

2.16　印刷、装订及报批

经审核确认无误并签字,即可按规定份数印刷甲、乙组文件,并分别装订成册,上报待批。

编制概预算的步骤并非固定不变,根据需要有些表可以不编制,而且各表的编制次序也是可以交叉进行、相互补充的。为了正确编制概预算,必须掌握编制办法的各项规定,明确各表的作用和相互关系,并认真阅读各表中间的"填写说明",掌握表中各栏的填写方法。

思 考 练 习

(1)理解概预算编制的基本步骤。
(2)理解概预算编制的每个步骤的基本内容。

第 3 章 施工图预算编制

3.1 概述

公路工程造价文件的编制是一项极为烦琐而又复杂的工作,费时费力,计算工作量大。为了提高效率,近年来,公路的管理、设计、施工等部门已广泛推广应用计算机软件进行工程造价编制。目前,公路建筑市场上所应用的造价软件版本较多,各类版本大同小异。限于篇幅,本书以下内容以同望WECOST公路工程造价管理系统为例,介绍公路工程造价软件的具体应用与操作。

3.1.1 系统特点

同望WECOST公路工程造价管理系统是继同望经典造价软件WCOST之后,于2007年推出的新一代公路工程造价软件。系统支持公路新旧编办和定额,采用全新的技术架构,功能更加强大,操作更加符合用户习惯,真正实现了多阶段、多种计价模式、网络化、编制审核一体化。

扫描附录配套视频8的二维码,可以观看同望软件功能详解的视频。

同望WECOST系统有如下特点:

(1)项目管理灵活多变;
(2)预算书编制轻松自如;
(3)审核处处留痕,支持多级审核及查询;
(4)批量调整工料机价格,省时省力;
(5)多种清单调价方式,调价快速灵活;
(6)报表输出灵活美观。

本书后续的有关内容具体体现了这些特点。

3.1.2 编制流程

造价文件编制流程,如图3-1所示。

编制一个概预算的基本流程,首先新建建设项目及造价文件。

然后双击进入"预算书"界面,编制预算书文件,添加项目,项目表建立完成之后,通过定额计算或数量单价的方式对第一部分费用建安费进行组价,通过基数计算和数量单价的方式对第二、第三部分费用进行计算。

接着,切换到"取费程序"界面,选择费率并确定项目属性的基本参数。

然后,切换到"工料机汇总"界面进行工料机的汇总分析,确定预算单价,直接输入或者计算运费、原价即可。

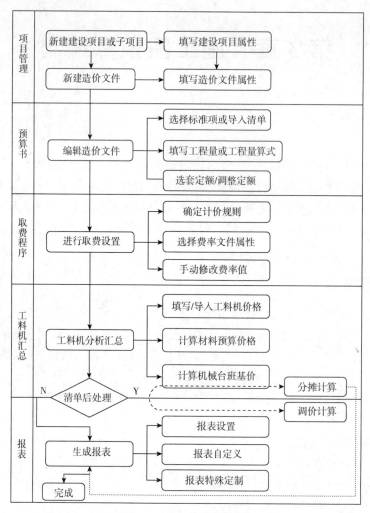

图 3-1 造价文件编制流程图

量、价、费确定之后,我们就可以直接在"报表"界面预览、打印、输出报表了。编制一个概预算,在同望系统里,操作就这么简单。

3.2 新建项目

工程建设项目规模大、周期长,一般都由许多部分组成,按照组成内容可依次划分为建设项目、单项工程、单位工程、分部工程和分项工程。

1)建设项目

建设项目又称基本建设项目,一般指符合国家总体建设规划,能独立发挥生产功能或满足生活需要,其项目可行性研究报告已经批准的建设任务。如一条能独立运行的公路或铁路线。

2)单项工程

单项工程是建设项目的组成部分,是具有独立的设计文件,竣工后能独立发挥设计规定的生产能力或效益的工程。如某公路工程独立合同段的一条公路,一座独立大、中型桥梁或一座隧道等,这些工程一般与已有公路接线,建成后可以独立发挥交通功能。但一条路线中的桥梁或隧道,在整个路线未修通前,并不能发挥交通功能,也就不能作为一个单项工程。

3) 单位工程

单位工程是单项工程的组成部分,是指可独立进行设计和组织施工,但建成后不能独立发挥生产能力或效益的工程。公路建设项目中,常把一条公路中的一段路线作为一个单项工程,其中各个路段内的路基、路面、桥梁、隧道都可作为单位工程。

4) 分部工程

分部工程是单位工程的组成部分,一般是按单位工程中的主要结构、主要部位或工序来划分的。如按工程部位划分为桥梁基础工程、桥梁上(下)部工程、路基工程、路面工程等;按工程结构和施工工艺划分为土石方工程、混凝土工程等。

5) 分项工程

分项工程是分部工程的组成部分,一般按不同的施工方法、材料或工种划分的。如主体工程由模板、钢筋、混凝土等工程组成。分项工程是概、预算定额的基本工程子目,也称工程细目。

3.2.1 下载、安装和登录同望系统

1) 下载、安装

如需下载安装系统,可登录天工造价(www.tgcost.com)网站,在首页(图 3-2)或下载中心,下载最新版本,按提示安装即可。

图 3-2 天工造价首页

扫描视频 1 的二维码,即可观看下载和安装的视频。

2)登录

安装好同望系统 V9.0 版本后,插上 WEC9.0 加密锁,直接双击图标(图 3-3),打开系统登录界面,如图 3-4 所示。

图 3-3 同望系统图标

视频 1

图 3-4 同望系统登录界面

(1)如果有同望正式加密狗的话,插上加密狗后,点击采取"加密锁登录",即可登录系统,进入"项目管理"界面;

(2)如果没有同望加密狗,可以通过注册同望天工造价账号,通过账号,亦可以登录同望系统使用。此种登录方式为学习版模式,系统功能跟正式版一样,可以编辑、修改、预览等功能,但不能打印、输出报表、导出数据。

(3)升级系统后,有时插上加密锁,如果无法登录系统,或提示无权限,可直接点"更新加密锁",再重新登录即可。

扫描视频 2 的二维码,即可观看注册、登录和新建造价文件的视频。

3.2.2 项目管理界面

登录系统后,进入"项目管理"界面,如图 3-5 所示。

"项目管理"界面主要三部分组成:项目管理;基本信息栏;功能菜单。

"项目管理"界面的主要操作是新建项目和造价文件。

常用菜单功能"文件""编辑""云服务""帮助"。

图 3-5　项目管理界面

"文件"常用于"重新登录"(图 3-6)。

"云服务"常用于计价包标准配置(图 3-7)。

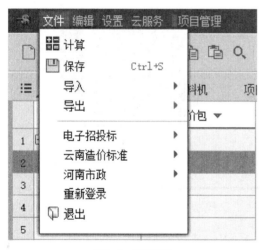

图 3-6　文件菜单

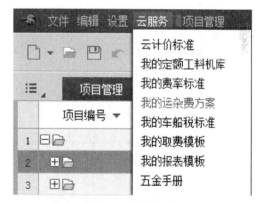

图 3-7　云服务菜单

"云计价标准"可直接查看已安装的、可升级的计价包,或导入其他计价包,如图 3-8 所示。

3.2.3　新建项目及造价文件

1)新建建设项目

操作:项目管理界面→右键→"新建"→"建设项目",如图 3-9 所示。

在弹出的窗口(图 3-10)中,对应输入建设项目名称;选择工程所在地;建设性质;编制类型,点确定,即可完成建设项目的新建。

图 3-8 云计价标准界面

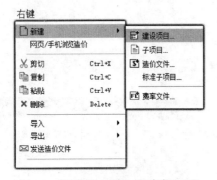

图 3-9 项目管理→右键→新建建设项目　　　　视频 2

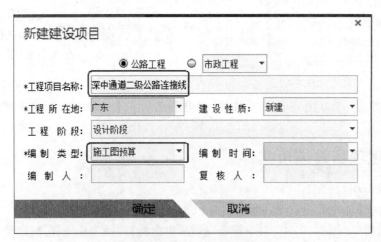

图 3-10 新建建设项目窗口

2)新建造价文件

(1)操作

定位新建的项目→"右键"→"新建"→"造价文件"。

在弹出的窗口(图3-11)中,对应输入相关的项目参数,如起止桩号、工程所在地、建设性质、计价依据等,直接确定即可。

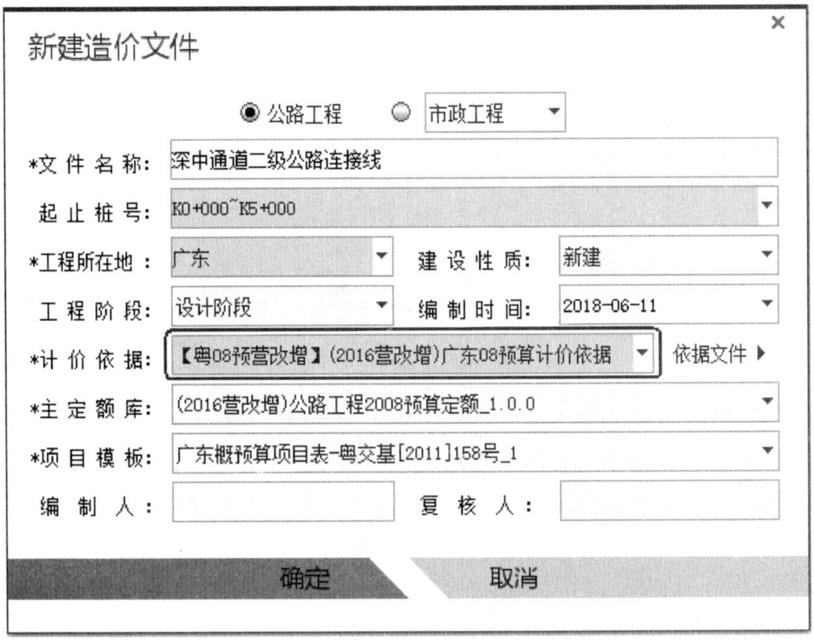

图3-11 新建造价文件

在对应弹出的人工单价选择窗口,根据工程所在地,选择二类地区:中山市,人工69.12元。确定,完成建设项目造价文件的新建,如图3-12所示。

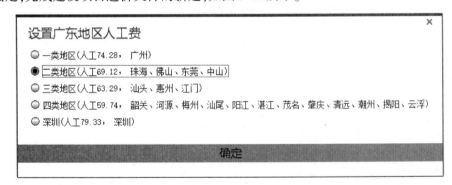

图3-12 设置广东地区人工费

(2)补充说明

公路工程的建设项目,一般都具有建设周期长、施工复杂、计价多次性的特点,因此,对应不同的建设项目,要采取不同的计价标准,如估算、概算、修正概算、施工图预算、清单、竣工结算、决算、养护等。一个建设项目是具有多阶段计价的,公路工程造价文件体系的构成,也是分阶段性的,如图3-13所示。

公路概述

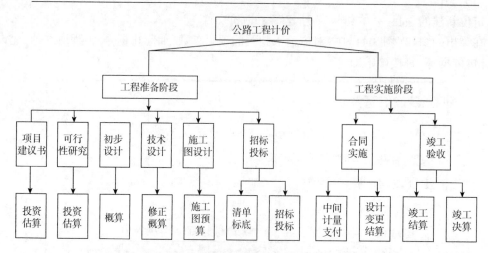

图 3-13　公路工程计价的多阶段性

所以在系统里,对应建设项目的各阶段,匹配不同的计价依据。在实际做预算的过程中,我们需先明确我们要做哪一阶段的计价,则新建造价文件,对应选择计价包。

由于现在属于设计阶段的施工图预算,则选择"粤 08 预算营改增"计价包(广东项目按粤计价包,其他省项目可按部颁计价包),如图 3-14 所示。

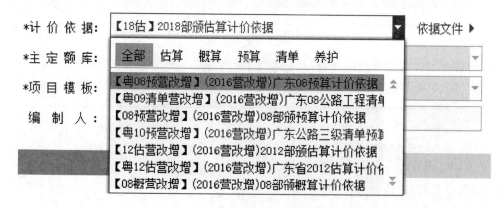

图 3-14　粤计价包计价依据

3)项目基本信息

(1)填写基本信息

新建完建设项目和造价文件后,根据工程实际情况,填写建设项目基本信息(图 3-15)以及造价文件基本信息(图 3-16)。

(2)填写编制说明

在项目管理右边界面,"编制说明"窗口,可以输入项目编制说明,在该处输入的数据,会在"项目报表"的"编制说明"表以及"预算书报表"的"编制说明"表中输出。可根据需要选择打印其中一张编制说明表。

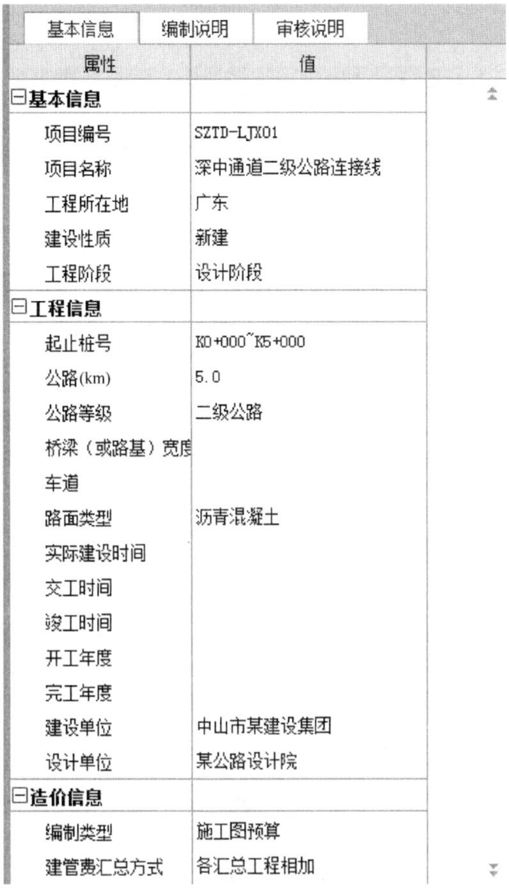

基本信息	编制说明	审核说明
属性	值	
□ 基本信息		
项目编号	SZTD-LJX01	
项目名称	深中通道二级公路连接线	
工程所在地	广东	
建设性质	新建	
工程阶段	设计阶段	
□ 工程信息		
起止桩号	K0+000~K5+000	
公路(km)	5.0	
公路等级	二级公路	
桥梁（或路基）宽度		
车道		
路面类型	沥青混凝土	
实际建设时间		
交工时间		
竣工时间		
开工年度		
完工年度		
建设单位	中山市某建设集团	
设计单位	某公路设计院	
□ 造价信息		
编制类型	施工图预算	
建管费汇总方式	各汇总工程相加	

图 3-15　建设项目基本信息填写

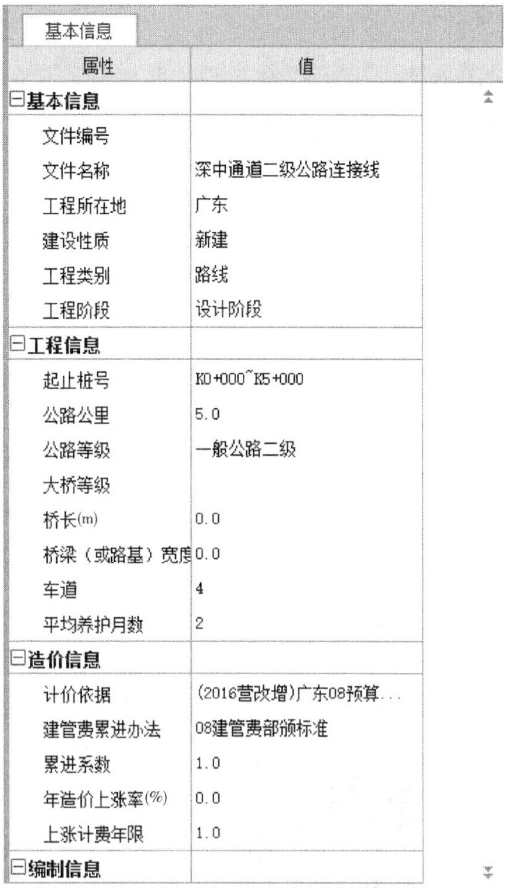

基本信息	
属性	值
□ 基本信息	
文件编号	
文件名称	深中通道二级公路连接线
工程所在地	广东
建设性质	新建
工程类别	路线
工程阶段	设计阶段
□ 工程信息	
起止桩号	K0+000~K5+000
公路公里	5.0
公路等级	一般公路二级
大桥等级	
桥长(m)	0.0
桥梁（或路基）宽度	0.0
车道	4
平均养护月数	2
□ 造价信息	
计价依据	(2016营改增)广东08预算…
建管费累进办法	08建管费部颁标准
累进系数	1.0
年造价上涨率(%)	0.0
上涨计费年限	1.0
□ 编制信息	

图 3-16　造价文件基本信息填写

（3）填写审核意见

在项目管理右边界面，"审核意见"窗口，已经默认了分为四点填写内容，可视实际情况填写及删减，该处输入的数据会在审核状态的"项目审核表"→"审核表→"中输出。

（4）填写造价文件基本信息

造价文件基本信息，部分用于报表取数及计算，部分用于系统标识，如造价文件基本信息中的"计价依据"，是系统标识属性，系统自动生成，不能修改。

造价文件名称、起止桩号、编制人、编制人单位、审核人、审核单位用于报表取数，如报表表头表尾需要输出这些数据时，必须正确填写。

工程类别、公路等级、大桥等级、公路公里、桥长米、养护月数、建管费累进办法、年造价上涨率%、上涨计费年限等基本属性，关系到报表计算及第一、二、三部分费用计算，需要计算相关费用时，也必须填写，才能正确计算及输出正确报表数据。

3.3　预算书编制

1）操作

上面新建项目完成后→定位造价文件→双击"计价包"→直接打开项目，进入到预算书界面,如图3-17所示。

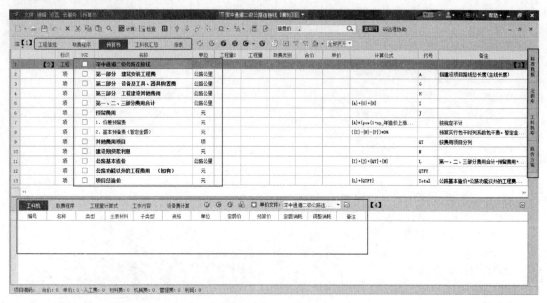

图3-17 预算书界面

扫描视频3的二维码可观看编制预算操作流程的视频。

视频3

2)界面说明:

(1)操作框架:"工程信息""取费程序""预算书""工料机汇总""报表"。

(2)概(预)算总金额组成主体框架窗体。

(3)"预算书"界面的主要功能按钮:"标准模板""定额库""工料机库""组价方案"。

(4)套定额后的工料机显示窗体。

3.3.1 概(预)算总费用

概、预算的费用主要由第一部分建筑安装工程费,第二部分设备、工具、器具及家具购置费,第三部分工程建设其他费用和预备费组成。

(1)第一部分:建筑安装工程费

第一项——临时工程;

第二项——路基工程;

第三项——路面工程;

第四项——桥梁涵洞工程;

第五项——交叉工程;

第六项——隧道工程;

第七项——公路设施及预埋管线工程;

第八项——绿化及环境保护工程;

第九项——管理、养护及服务房屋。

(2) 第二部分:设备及工具、器具购置费
(3) 第三部分:工程建设其他费用
(4) 预备费

3.3.2 第一部分建筑安装工程费

建筑安装工程费包括直接费、间接费、利润及税金。具体费用组成,如图3-18所示。

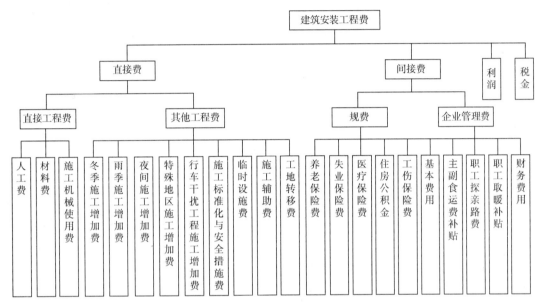

图3-18 建筑安装工程费费用组成

3.3.2.1 建立项目表

概、预算项目应按项目表的序列及内容编制,当实际出现的工程和费用项目与项目表的内容不完全相符时,一、二、三部分和"项"的序号应保留不变,"目""节""细目"可随需要增减,并按项目表的顺序以实际出现的"目""节""细目"依次排列,不保留缺少的"目""节""细目"序号。

如第二部分,设备、工具、器具购置费在该项工程中不发生时,第三部分工程建设其他费用仍为第三部分。同样,路线工程第一部分第六项为隧道工程,第七项为公路设施及预埋管线工程,若路线中无隧道工程项目,但其序号仍保留,公路设施及预埋管线工程仍为第七项。

但如"目"或"节"或"细目"发生这种情况时,可依次递补改变序号。路线建设项目中的互通式立体交叉、辅道、支线,如工程规模较大时,也可按概、预算项目表单独编制建筑安装工程,然后将其概、预算建安工程总金额列入路线的总概、预算表中相应的项目内。

根据上面概(预)算项目表的划分规则,结合实际工程以及设计图纸资料,分别针对第一部分、第二部分、第三部分,建立标准项项目表,进行概(预)算总金额进行计算。

〈举例〉建立如表3-1所示的项目表

点击右上角的"标准模板"图标(图3-19),展开"项目表"(图3-20),如需添加某些分项,直接双击该分项名称或在前面打钩选择点击"添加选中"。

项 目 表 举 例　　　　　　　　　　　　表 3-1

项目	节	细目	工程或费用名称	单 位	数 量
			第一部分　建筑安装工程费	公路公里	
一			临时工程	公路公里	5.000
	1		临时道路	km	5.000
		1	临时道路	km	5.000
	4		临时电力线路	m	100.000
二			路基工程	km	4.950
	2		挖方	m³	50000.000
		1	挖土方	m³	50000.000
		3	外购土方(非标准项)	m³	20000.000
	6		防护工程	km	5.00
		2	坡面坨工防护	m³	15000.00
		3	浆砌片石护坡	m³	15000.00
三			路面工程	km	5.00
	3		路面基层	m²	76000.000
		2	水泥稳定类基层	m²	76000.000
	6		水泥混凝土面层	m²	70000.000
		1	水泥混凝土面层	m²	70000.000
四			桥梁涵洞工程	km	0.050
	3		小桥工程	m/座	50.000/1.000
		5	预应力混凝土空心板桥	m/座	50.000/1.000
			第二部分　设备及工具、器具购置费	公路公里	5.00
三			办公及生活用家具购置	公路公里	5.00
			第三部分　工程建设其他费用	公路公里	5.00
二			建设项目管理费	公路公里	5.00
	1		建设单位(业主)管理费	公路公里	5.00
	3		工程监理费	公路公里	5.00

1) 选择标准项

在"预算书"界面,右击"选择"→"标准项"或者直接点击停靠在预算书右侧的"标准模板"按钮,系统弹出选择标准模板对话框,展开第一部分建筑安装工程费的子目,根据上表要求,逐一选择节点后,双击或右击选择"添加选中"即可添加单条子目,在复选框中勾选多条,点击"添加选中",亦可一次必选择多条项目节子目,如图 3-20 所示。

2) 增加非标准项

增加项目的标准项后,对于某些分项,在标准模板里没有的,可以增加非标准项,来进行项目的划分与添加。定位到要增加非标准项的位置,通过快捷图标增加前项、增加后项、增加子项,如图 3-21 所示。

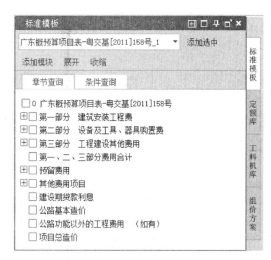

图 3-19 标准模板界面

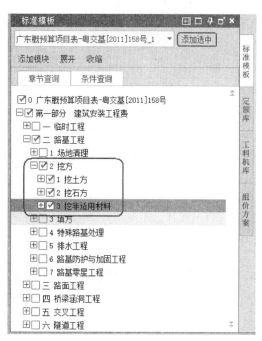

图 3-20 展开项目表,选择子目

图 3-21 快捷图标增加前项、后项、子项

或直接右键→增加前项、增加后项、增加子项,如图 3-22 所示。

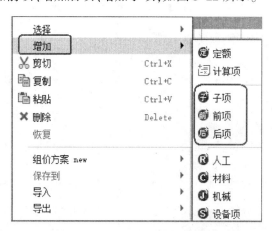

图 3-22 右键增加前项、后项、子项

然后对应输入编号、名称、单位、数量即可,如图 3-23 所示。

3)输入工程数量

建立项目表后,逐一对各分部分项,进行工程数量的录入与核实,如图 3-24 所示。

25

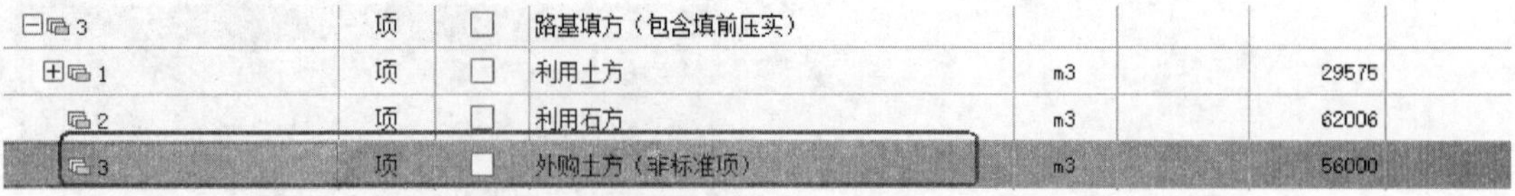

3	项	☐	路基填方（包含填前压实）			
1	项	☐	利用土方	m3		29575
2	项	☐	利用石方	m3		62006
3	项	☐	外购土方（非标准项）	m3		56000

图 3-23　输入非标准项的编号、名称、单位、数量

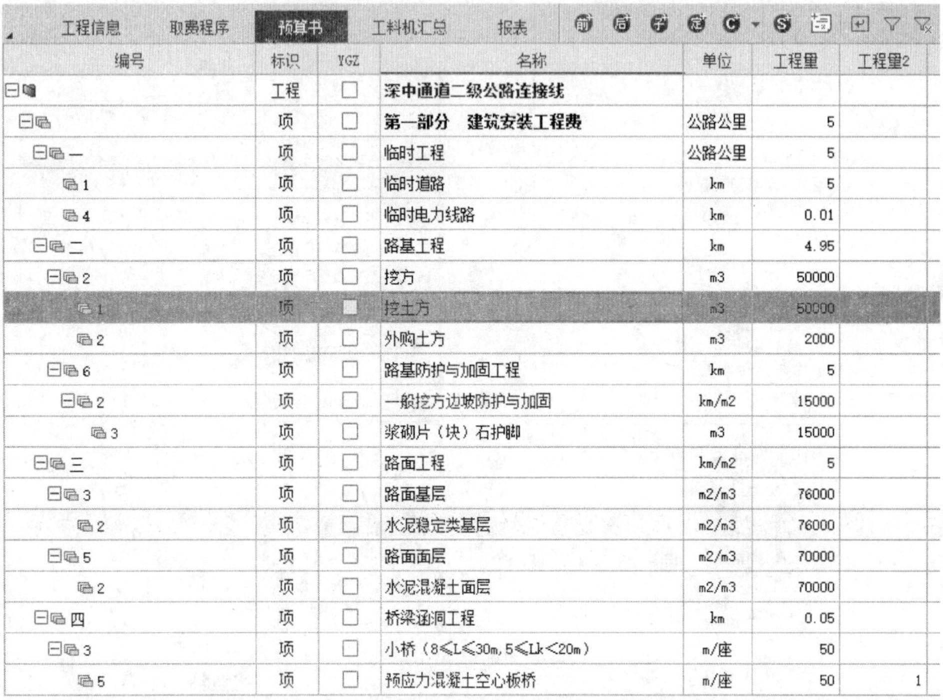

工程信息　取费程序　预算书　工料机汇总　报表

编号	标识	YGZ	名称	单位	工程量	工程量2
	工程	☐	深中通道二级公路连接线			
	项	☐	第一部分　建筑安装工程费	公路公里	5	
一	项	☐	临时工程	公路公里	5	
1	项	☐	临时道路	km	5	
4	项	☐	临时电力线路	km	0.01	
二	项	☐	路基工程	km	4.95	
2	项	☐	挖方	m3	50000	
1	项	☐	挖土方	m3	50000	
2	项	☐	外购土方	m3	2000	
6	项	☐	路基防护与加固工程	km	5	
2	项	☐	一般挖方边坡防护与加固	km/m2	15000	
3	项	☐	浆砌片（块）石护脚	m3	15000	
三	项	☐	路面工程	km/m2	5	
3	项	☐	路面基层	m2/m3	76000	
2	项	☐	水泥稳定类基层	m2/m3	76000	
5	项	☐	路面面层	m2/m3	70000	
2	项	☐	水泥混凝土面层	m2/m3	70000	
四	项	☐	桥梁涵洞工程	km	0.05	
3	项	☐	小桥（8≤L≤30m，5≤Lk<20m）	m/座	50	
5	项	☐	预应力混凝土空心板桥	m/座	50	1

图 3-24　填写工程项目数量

3.3.2.2　套定额组价、定额调整及换算

现行的《公路工程预算定额》(JTG/T B06-02—2007)(以下简称预算定额),内容包括路基工程、路面工程、隧道工程、桥涵工程、防护工程、交通工程及沿线设施、临时工程、材料采集及加工、材料运输等。

1)预算定额的组成

预算定额由颁发定额的公告,总说明,目录,各种工程的章、节说明,定额表及附录等组成。

(1)颁发定额的公告

指印在定额前面部分的交通运输部关于发布定额及施行日期,阐明定额性质、适用范围及负责解释部门等法令性文件。

(2)总说明

总说明主要阐述定额的编制原则、指导思想、编制依据、适用范围以及定额的作用,同时说明编制定额时已考虑和未考虑的因素及有关规定和使用方法等。是各章说明的总纲,具有统管全局的作用。

(3) 目录

目录位于总说明之后，简明扼要地反映定额的全部内容及相应的页码，对查用定额起索引作用。由于现行预算定额分上、下两册，故在总目录后，增加了上、下册目录。

(4) 章、节说明

根据工程项目特点及性质的不同，各章又分出若干小节。除附录外，各章节前面均附有说明。章节说明主要介绍本章节工程项目的共性问题、工程量的计算方法和规则、计算单位、尺寸的起讫范围、应增加或扣除的部分以及计算使用的系数和附表等。章节说明是工程量计算及应用定额的基础，必须全面准确地掌握，以防发生错误。

(5) 定额表

定额表是各种定额最基本的组成部分，它是定额指标数量的具体表示。定额表内容及形式包括：①表号及定额表的名称；②工程内容；③定额单位；④顺序号；⑤项目及项目单位；⑥代号；⑦工程细目；⑧栏号；⑨定额值；⑩基价；⑪小注。

(6) 附录

附录包括路面材料计算基础数据，基本定额，材料的周转及摊销以及定额基价人工、材料单位质量、单价表四部分内容。

由于上面，我们已经进行了项目分部分项工程的划分，以及建立完成项目表的系统操作，但对于分部分项中的子目，仍没有单价合价的，这些，我们就需要对分部分项的子目，进行套定额组价，以及相应的定额调整或换算。

2) 选套定额

选套定额，就是平时所说的"查定额"，即根据编制概预算的具体条件和目的，套取所需定额的过程。为了正确运用定额，必须熟练地查定额，并且掌握部颁及地方交通主管部门有关定额运用方面的文件和规定。

系统常见的几种套定额方法：

(1) 直接从定额库中选择

在"预算书"界面点击需要套取定额的位置，点击鼠标右键，在右键菜单"选择"→"定额"，或者直接点击停靠在预算书右或下侧的"定额库"按钮，则系统弹出定额库窗口，从"定额"的下拉框中选择需要的定额库(注：系统默认的定额库是创建造价文件时的选择的主定额库)，然后再查找所需套用的定额子目，双击选入或者右击选择"添加选中行"来套取定额，如图 3-25 所示。

技巧提示：系统增加了定额查询功能，用户可按定额编号或名称来查询所需的定额，查询后的数据显示在查询结果框中，可双击选入或右击选择"添加选中行"来选取定额。如查询定额名称中有"水泥"字样的定额，得到如图 3-26 所示的结果。

(2) 渐进式选择定额

在"预算书"界面点击需要套取定额的位置，点击鼠标右键，在右键菜单"增加"→"定额"或直接点击工具栏中的快捷图标 或者使用 Ctrl+N 或者 F3 快捷键，新增一条空定额记录，在"编号"栏直接输入定额编号，系统渐进式筛选定额提示，以下拉列表形式显示包含输入字符的所有定额，如图 3-27 所示。

系统自动记录标准项与定额的匹配次数，将匹配次数较多的定额按顺序排在渐进显示

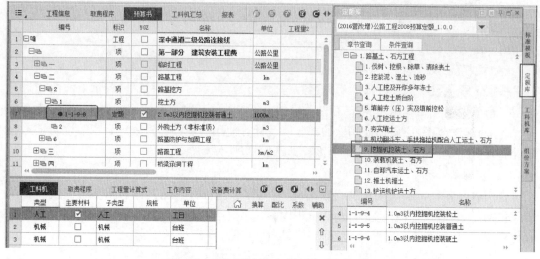

图 3-25 直接从定额库中选择定额,双击添加

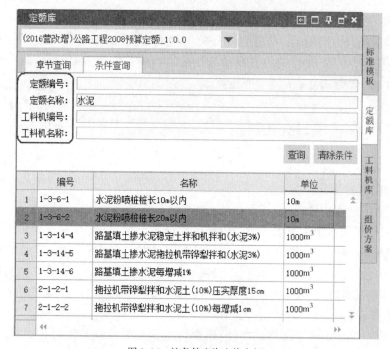

图 3-26 按条件查询查找定额

列表中。

系统同时支持输入关键字的形式,直接智能筛选出需要的定额,如图 3-28 所示。

3)填写定额工程量

对分部分项的子项,根据施工工艺、施工流程以及项目的实际情况,进行定额的选套与组价,然后根据图纸,进行各定额的工程数量的计算、核实以及填写输入。

(1)工程量填写设置

系统默认子节点自动继承父节点工程量。当修改上级节点工程量时,下级节点工程量

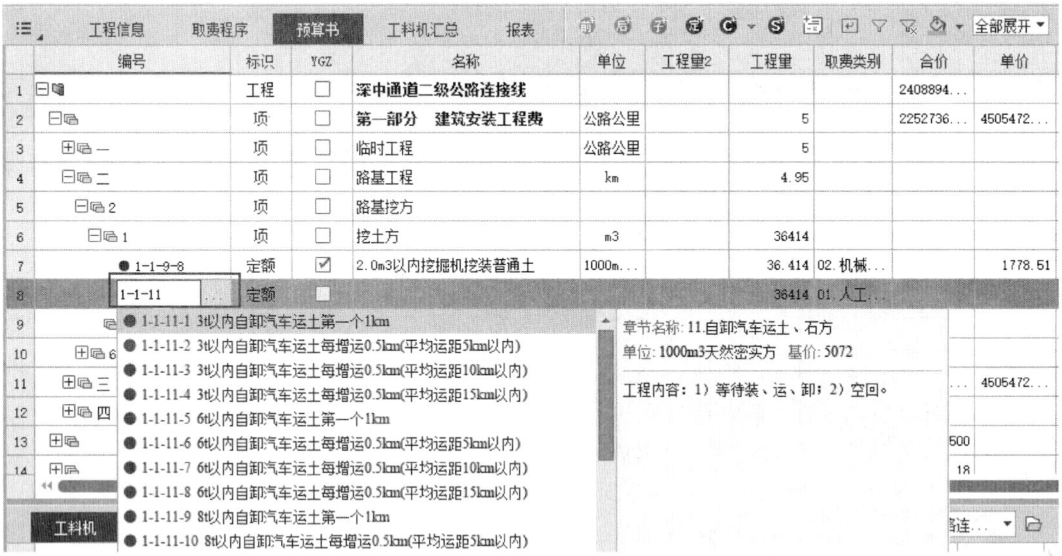

图 3-27 输入定额编号渐进式筛选定额

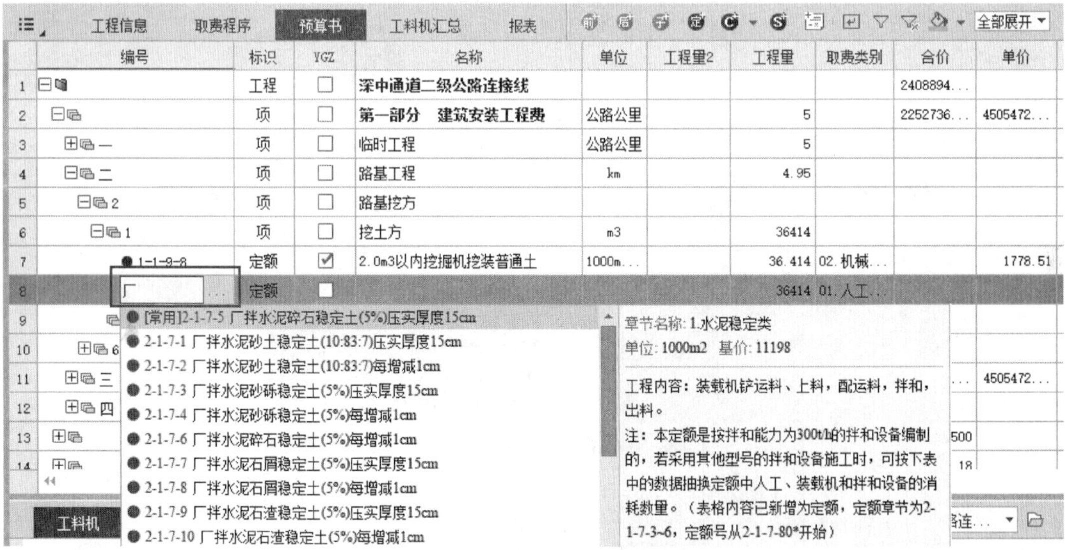

图 3-28 关键字智能筛选定额

如果跟父节点工程量相同的也跟着自动改变,不相同的不变。

如不需要自动继承工程量功能,可在主菜单"设置"→"选项",把"是否自动填写工程量"的值设置为"否"。

(2)工程量计算式

在工程量计算式标签页下,可以增加分项及定额工程量的计算过程,可让用户更加方便地检查及复核工程量是否错算、漏算或重复计算,如图 3-29 所示。

(3)五金手册

如在计算一些路线图形、钢筋时,可以借助系统里配置的五金手册,快速计算工程量,再

公路工程造价编制与应用

● 2-1-8-21换	定额	☑	15t以内自卸汽车运稳定土3.5km	1000m³	85.11	03.汽车运输
● 2-1-9-8	定额	☑	7.5m以内摊铺机铺筑底基层混合料	1000m²	472.82	07.其他路面

工料机	取费程序	工程量计算式	工作内容	设备费计算
图纸编号		图纸名称	工程量计算式	工程量	累加
			gcl*0.18	85107.6	☑

图 3-29　工程量计算式

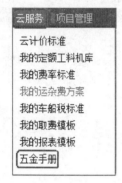

图 3-30　云服务→五金手册

进行系统填写。"云服务"→"五金手册",如图3-30所示。

在操作过程中,可根据五金手册中设置的图形公式、钢筋及其他公式直接在对应参数的数值列中输入数值,再点击"="即可计算出结果,如图3-31所示。

4)定额调整

定额是按正常合理的施工组织和施工条件编制的,定额中所采用的施工方法和工程质量标准,主要是根据国家现行公路工程施工技术及验收规范、质量评定标准及安全操作规程取定的。因此,使用时不得因具体工程的施工组织、操作方法和材料消耗与定额规定不同而随意变更定额。

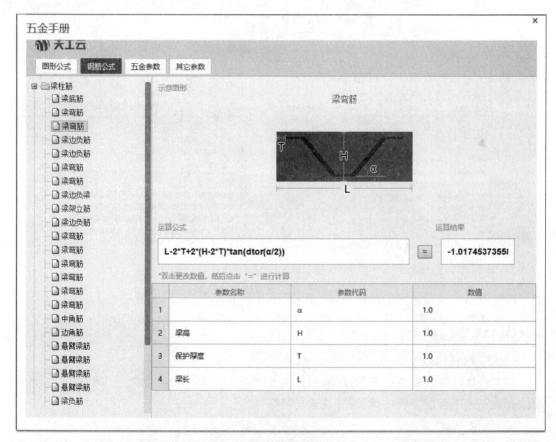

图 3-31　设置图形计算公式

但在某些情况下,可按定额规定进行相应的定额调整,或定额抽换。例如:设计中采用的砂浆、水泥强度等级或混凝土的强度等级与定额表中规定的强度等级不相符时,可按《预算定额》附录二"基本定额"中的"砂浆、混凝土配合比表"进行换算,以替换定额表中相应的材料消耗定额值;某些周转及摊销材料达不到规定的周转次数时,可根据具体情况进行换算;水泥、石灰、稳定土类基层的配合比可根据实际情况进行换算。

在定额调整里,需要进行定额的标准换算、工料机替换等操作。

在"预算书"界面,单击需要调整的定额,系统下方出现"工料机"窗口,如图3-32所示。

图3-32 工料机界面

"工料机"界面,右边窗口有"定额调整"界面,设置有"换算""配比""系数""辅助"等功能,如图3-33所示。用户可根据工程实际情况对需要调整的定额进行调整,所有的定额调整信息会记录在"调整列表"里。

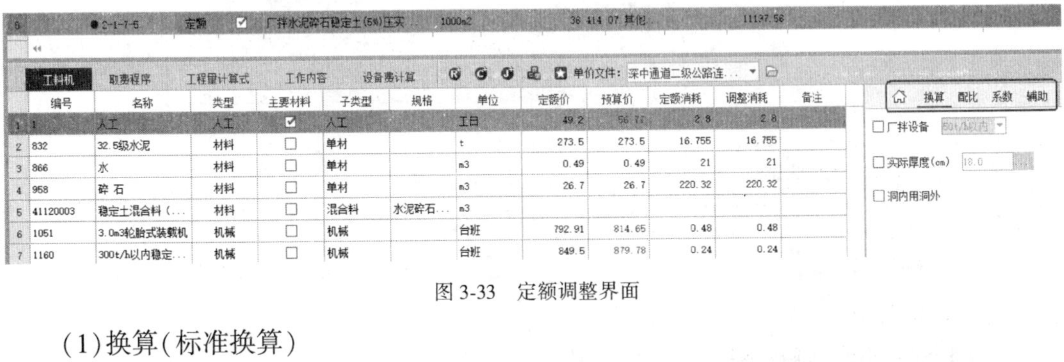

图3-33 定额调整界面

(1)换算(标准换算)

在"定额调整"窗口,点击"标准"按钮,系统会列出该定额常用到的换算。如砂浆、混凝土强度等级,厚度和运距的综合调整等。

用户只需要在调整的复选框中打钩,并根据工程具体情况输入相关参数后,系统会自动调整消耗量和定额名称。

(2)配比(混合料配比调整)

在"定额调整"窗口,点击"配比"按钮,直接在"调整为"一栏中输入目标比例。输入第一个材料的配合比例后,系统会根据比例之和"100%"自动计算并生成第二个材料的配合比例,同时自动修改定额名称,如图3-34所示。

(3)系数(子目系数调整)

在"定额调整"窗口,选择需要乘系数的定额,在定额调整信息窗口中点击"系数"按钮,根据调整需要,在"人工系数""材料系数""机械系数"调整框里输入对应系数后回车,系统自动计算消耗量并显示调整信息。如要对定额中所有的工料机消耗乘以相同的系数时,则只要在"单价系数"框里填系数后回车即可。不调整时"子目系数"全部默认为1,如图3-35所示。

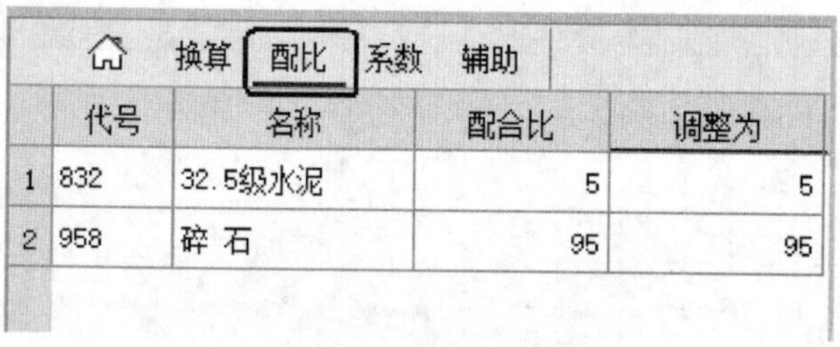

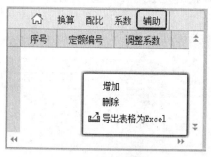

图3-34 配比调整界面显示

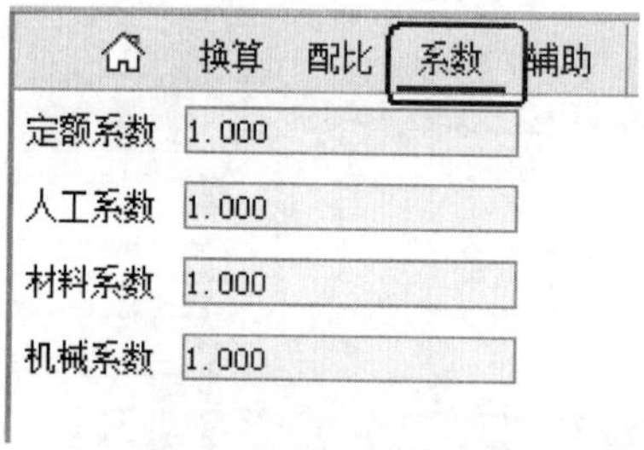

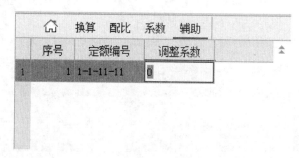

图3-35 系数调界面

(4)辅助(辅助定额调整)

辅助定额是对主定额的标准量进行增减的调整。

在"定额调整"窗口,选中需要进行调整的定额,点击"辅助"按钮,在空白处点击右键选择"增加",如图3-36所示。

找到对应的辅助定额后,双击即可添加辅助定额到调整信息窗口中,填写调整系数即可。如图3-37所示。

图3-36 辅助调整界面

图3-37 填写调整系数即可

5)工料机替换

(1)工料机的增、删及替换

在"工料机"界面中,单击工具按钮,可按需增加/选择工料机,或右键按需增加、删除、替换,还可将新增材料保存至"我的工料机库",如图3-38所示。

选择:单击工具栏"选择人材机"按钮,弹出工料机库,双击或单击鼠标右键选择"添加选中行"选择所需工料机。

删除:选中某条工料机,单击鼠标右键选择"删除"即可。

图 3-38 工具按镇钮或右键菜单

替换:选中某条工料机,单击鼠标右键选择"工料机替换",从弹出的工料机库中选择工料机,双击或单击鼠标右键选择"添加选中行"即可替换当前工料机。

（2）保存工料机

选中某条工料机,鼠标右键选择"保存到我的工料机库",弹出用户工料机库对话框,选择某章节,双击或单击鼠标右键选择"保存工料机到该章节"即可,如图3-39所示。

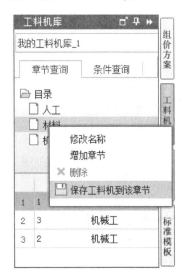

图 3-39 保存到我的工料机库

（3）按编号排序

在"工料机"窗口,单击鼠标右键选择"按编号排序",系统会自动按编号的升序排列;再次选择"按编号排序",系统按编号降序进行排列,如图3-40所示。

6）调整列表及批量调整

在"预算书"窗口选中某条定额,在定额调整信息框点击切换到"调整列表"窗口（点击"⌂"按钮）,如图3-41所示,可以查看该定额的所有调整信息。

系统还提供批量调整定额的功能,将相同调整的定额进行快速、批量的调整。

在调整列表中选中一条调整信息,点击鼠标右键选择"应用到"（图3-42）,弹出"批量设置定额调整"对话框（如图3-43）,勾选要进行相同调整的定额,点击"确定",即可完成定额的批量调整。

6 公路工程造价编制与应用

图 3-40 工料机按编号排序

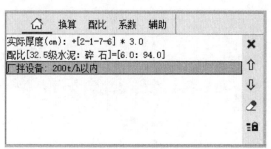

图 3-41 调整列表信息显示

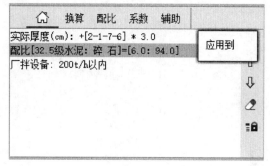

图 3-42 定额调整

图 3-43 批量设置定额调整

该界面中,"全选"——选中全部记录;"反选"——选择与现有状态相反的记录。
批量调整功能适用于标准换算、配比调整、乘系数调整、消耗量调整。

7) 撤销定额调整

(1) 撤销定额单项调整

在调整列表窗口选中某条调整记录,点击"✗"即可撤销该项定额调整,如图3-44所示。

(2) 撤销单个定额调整

在调整列表窗口,点击"⌀"按钮,清空该定额的所有调整记录,定额恢复初始值。

(3) 撤销多项定额调整

在"预算书"界面,按"Ctrl"或"Shift"选中要撤销调整的定额,点击鼠标右键选择"定额"→"取消选中定额调整",即可撤销所选择定额的所有调整。

(4) 撤销所有定额调整

在"预算书"界面,点击鼠标右键选择"定额"→"取消所有定额调整",即可撤销该造价文件中所有定额的定额调整。

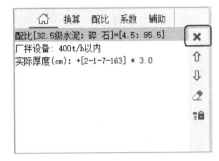

图3-44 撤销定额单项调整

3.3.2.3 组价案例实战

下面,通过分项的案例实战,对子项的组价方案以及思路,进行简单的组价演练说明,以及举例阐述常用的几种定额调整的操作说明。

1) 路基土石方 组价案例

(1) 根据项目划项、图纸算量,简化如图3-45所示。

挖方		填方		本桩利用	
土方	石方	土方	石方	土方	石方
天然方(m³)		压实方(m³)		压实方(m³)	
普通土	软石				
36414	68472	29575	62006	8740	3764
远运利用			弃方		
土方	石方	平均运距	土方	石方	平均运距
压实方(m³)		km	天然方(m³)		km
20835	58242	1	1482	11426	1
弃土场工程数量					
M7.5浆砌片石护脚		M7.5浆砌片石排水沟		便道	
m³		m³		m	
194.4		896.4		188	

图3-45 土石方数量表

(2)根据上表,进行项目表的建立,如图 4-46 所示。

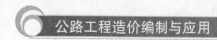

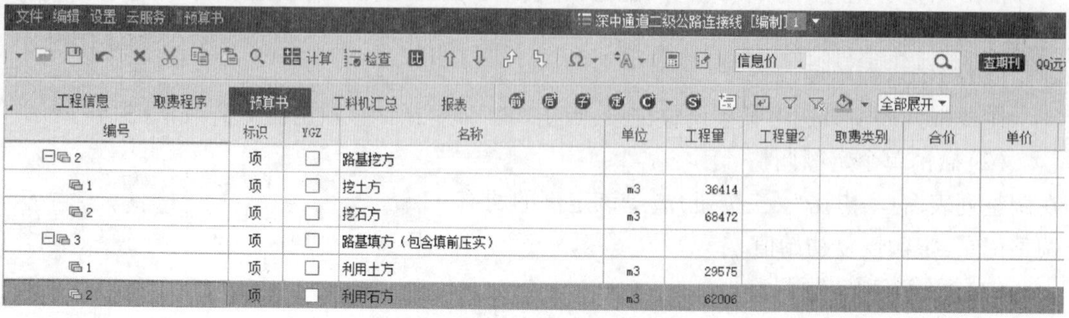

编号	标识	YGZ	名称	单位	工程量	工程量2	取费类别	合价	单价
2	项	☐	路基挖方						
1	项	☐	挖土方	m3	36414				
2	项	☐	挖石方	m3	68472				
3	项	☐	路基填方（包含填前压实）						
1	项	☐	利用土方	m3	29575				
2	项	☐	利用石方	m3	62006				

图 3-46 建立土石方项目表

(3)根据各分项子目,进行套定额组价,以及相应调整。

挖土方:如图 3-47 所示(定额组价仅供参考)。

定额编号	定额名称	定额单位	工程量	取费类别	调整状态
1-1-9-8	2.0m3内挖掘机挖装土方普通土（需要装车）	1000m³	26.276	2)机械土方	
1-1-9-8	2.0m3内挖掘机挖装土方普通土（不需装车）	1000m³	10.138	2)机械土方	定额×0.87
1-1-11-21	15t内自卸车运土1km（远运利用方）	1000m³	20.835	3)汽车运输	定额×1.19
1-1-11-21	15t内自卸车运土1km（弃方）	1000m³	1.482	3)汽车运输	
1-1-12-14	135kW内推土机20m普通土	1000m³	8.740	2)机械土方	定额×1.16
5-1-16-2	浆砌护脚（弃土场建设）	10m³	6.804	8)构造物Ⅰ	M5，-3.5，M7.5，+3.5
1-2-3-1	浆砌片石边沟 排水沟 截水沟（弃土场建设）	10m³	31.374	8)构造物Ⅰ	M5，-3.5，M7.5，+3.5
7-1-1-1	汽车便道平微区路基宽7m（弃土场建设）	1km	0.066	7)其他路面	
7-1-1-5	汽车便道砂砾路面宽6m（弃土场建设）	1km	0.066	7)其他路面	
7-1-1-7	便道养护路基宽7m（弃土场建设）	1km·月	0.263	7)其他路面	

图 3-47 挖土方定额组价及调整

挖石方:如图 3-48 所示。

定额编号	定额名称	定额单位	工程量	取费类别	调整状态
1-1-15-6	75kW内推土机20m软石（机械打眼开炸石方，配合推土机	1000m³	68.472	5)机械石方	
1-1-10-6	3m3内装载机装软石	1000m³	65.009	5)机械石方	
1-1-11-49	15t内自卸车运石1km	1000m³	65.009	3)汽车运输	
5-1-16-2	浆砌护脚（弃土场建设）	10m³	12.636	8)构造物Ⅰ	M5，-3.5，M7.5，+3.5
1-2-3-1	浆砌片石边沟 排水沟 截水沟（弃土场建设）	10m³	58.266	8)构造物Ⅰ	M5，-3.5，M7.5，+3.5
7-1-1-1	汽车便道平微区路基宽7m（弃土场建设）	1km	0.122	7)其他路面	
7-1-1-5	汽车便道砂砾路面宽6m（弃土场建设）	1km	0.122	7)其他路面	
7-1-1-7	便道养护路基宽7m（弃土场建设）	1km·月	0.489	7)其他路面	

图 3-48 挖石方定额组价及调整

2)常见定额调整与换算

〈举例〉替换水泥砂浆号——M5 号换成 M7.5 号(或泵送型号抽换)

输入定额:1-2-3-1,在“工料机”界面,点击右键“替换工料机”,选择替换水泥砂浆型号,如图 3-49 所示。

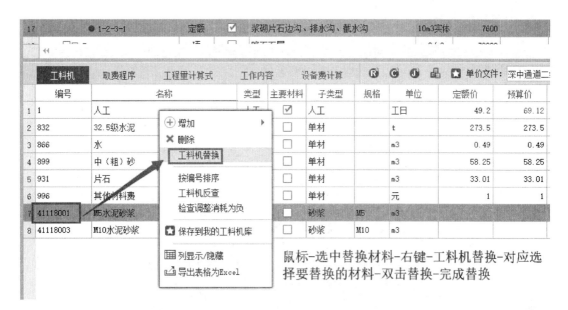

图 3-49 替换水泥砂浆号

然后,在弹出的工料机窗口中,找到 M7.5 号水泥砂浆,双击确定即可。在工料机中,水泥、中(粗)砂的消耗量自动根据内置公式乘系数调整,如图 3-50 所示。

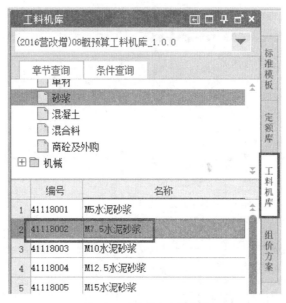

图 3-50 双击选中水泥砂浆

〈**举例**〉替换商品混凝土

输入定额:4-6-10-2,在"人材机"界面点击右键"工料机替换",选择替换商品混凝土型号,双击确定即可,如图 3-51 所示。

替换完成后,水泥、中(粗)砂、碎石的消耗量自动调整为 0,(如出现负 0.002,手动调整为 0,即可),养生需要水,所以仍有消耗量。搅拌的消耗量,亦可根据项目的实际情况,进行调整，如图 3-52 所示。

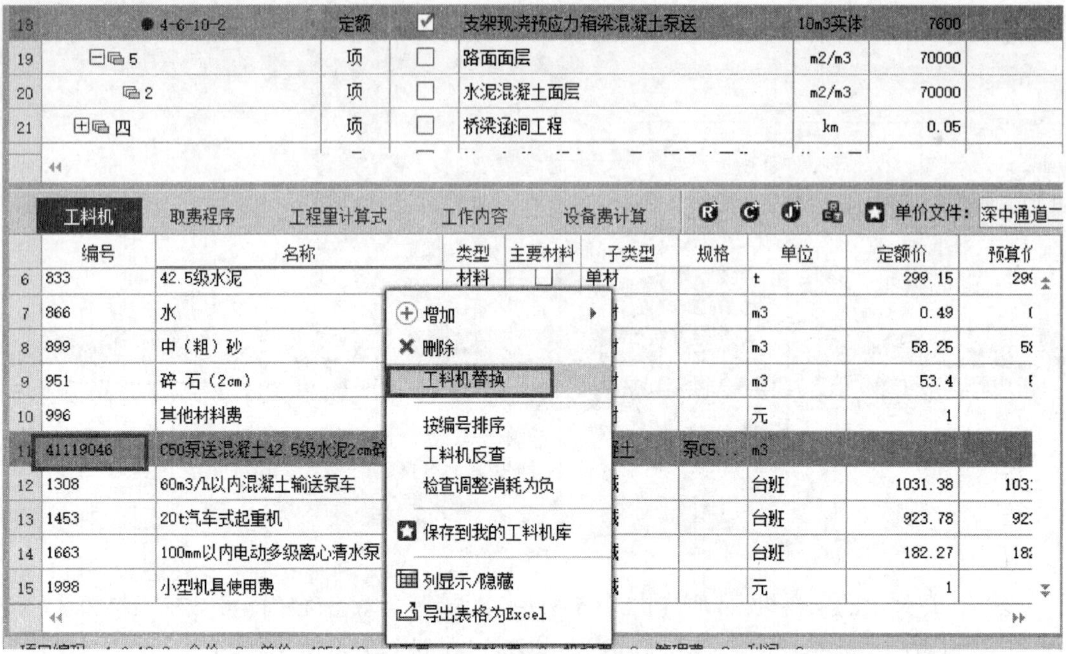

图 3-51 商品混凝土替换

图 3-52 调整原材料消耗量

这里注意：取费类别选择构造物Ⅲ，编制办法规定，在处理"工料机"预算单价时，要确定购买的商品混凝土是到场价格还是需要我们去运。

〈举例〉沥青路面可调油石比

新定额沥青路面是按一定的油石比编制的，当设计采用的油石比与定额不同时，可按设计油石比调整定额中的沥青用量。

套用定额：2-2-11-1，在"混合料配比 PB"的"调整为"中输入设计油石比，石油沥青的消耗量根据内置公式自动计算，如图 3-53 所示。

图 3-53 油石比调整

在同望系统中,我们已经把预算定额书中的一些附注说明部分,做成了选项的形式,当你做预算时,直接根据实际情况,在选项前面打钩选择即可。

〈举例〉将"挖竹根"调整成"挖芦苇根"

输入定额:1-1-1-10,在"标准换算"相应的选项中打钩选择即可,人工消耗自动根据系统内置公式乘系数,如图 3-54 所示。

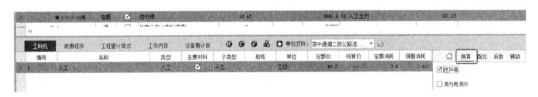

图 3-54 系数调整

〈举例〉灌注桩可根据不同的桩径选择调整系数

套用定额:4-4-5-43,当设计桩径与定额桩径不同时,可根据施工情况选择实际桩径。点附注条件,选择实际桩径,在前面打钩选择即可,无须其他任何操作,定额自动乘系数,单价自动计算,如图 3-55 所示。

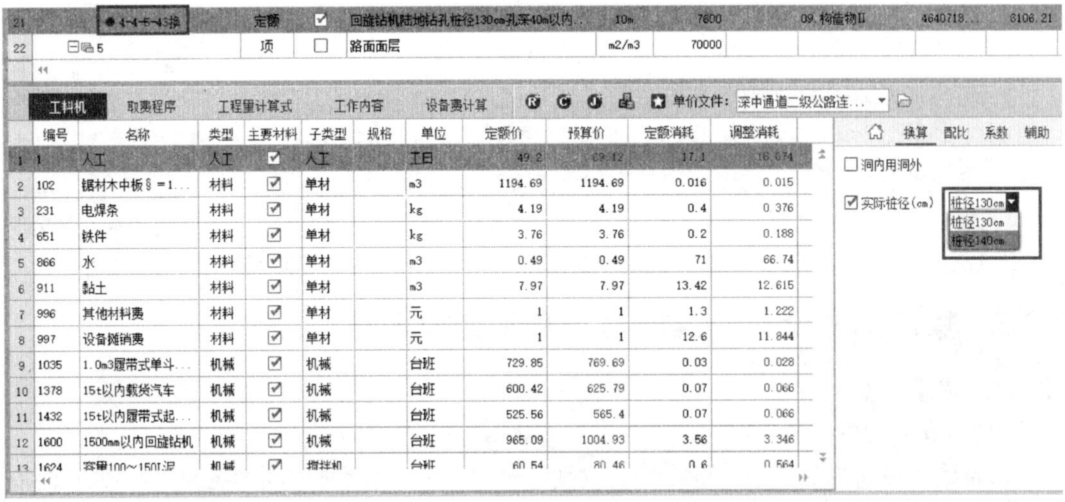

图 3-55 桩径调整

〈举例〉调整"10t 车运输 10.2km 或者 10.3km"

输入定额:1-1-11-9,在"标准换算"中输入实际值:10.2(10.3)km 即可,定额名称自动变化,单价、金额自动计算,如图 3-56 所示。

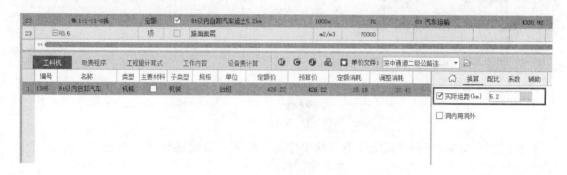

图 3-56　自卸汽车运距调整

注:定额项目"1-1-11 自卸汽车运土、石方"及"1-1-22 洒水汽车洒水"中,均按不同的运输距离综合考虑了施工便道的影响,考虑到运输距离越长其生产效率越高,因此,定额规定仅适用于平均运距在 15km 以内的工程;当运距超过 15km 时,应按工程所在地社会运输的有关规定计算运费。

关于运距,定额规定:当运距超过第一个定额运距单位时,其运距尾数不足一个增运定额单位的半数时不计,超过半数时按一个增运定额运距单位计算。

例如,平均运距为 10.2km 时,套用第一个 1km 和运距 15km 以内的增运定额 18 个单位后,尾数为 0.2km,不足一个增运定额单位(0.5km)的半数(0.25km),因此不计;如平均运距为 10.3,0.3km 已经超过一个增运定额单位(0.5km)的半数(0.25km),因此计,增运单位则合计为 19 个。

使用增运定额时要注意两点:①平均运距不扣减第一个 1km;②平均运距为整个距离内直接套用,不是分段套用。

例如,15t 以内自卸汽车运输路基土方,平均运距为 10.2km 时,定额台班数量为:5.57+0.61×18=16.55(台班);平均运距为 10.3 时,定额台班数量为:5.57+0.61×19=17.16(台班)。而不是分段套用 5km 以内、10km 以内、15km 以内的定额。

〈举例〉调整水平泵送运距 200m

输入定额:4-2-8-18 泵送井壁普通混凝土定额,单击"定额调整"→"辅助定额"→输入实际泵送距离 200m 即可,人工、机械消耗量自动调整,所图 3-57 所示。

注:定额中采用泵送混凝土的项目均已包含水平和向上垂直泵送所消耗的人工、机械,当水平泵送距离超过定额综合范围时,可按下表增列人工及机械消耗量。向上垂直泵送不得调整。

3.3.3　第二部分设备、工具、器具及家具购置费

3.3.3.1　费用概述

(1)设备购置费

设备购置费系指为满足公路的营运、管理、养护需要,购置的构成固定资产标准的设备和虽低于固定资产标准但属于设计明确列入设备清单的设备的费用。包括渡口设备,隧道

第3章 施工图预算编制

图 3-57 水平泵送运距调整

照明、消防、通风的动力设备,高等级公路的收费、监控、通信、供电设备,养护用的机械、设备和工具、器具等的购置费用。

设备购置费应由设计单位列出计划购置的清单(包括设备的规格、型号、数量),以设备原价加综合业务费和运杂费按以下公式计算:

设备购置费=设备原价+运杂费(运输费+装卸费+搬动费)+运输保险费+采购及保管费

需要安装的设备,应在第一部分建筑安装工程费的有关项目内另计设备的安装工程费。

(2)工器具及生产家具(简称工器具)购置费

工器具购置费系指建设项目交付使用后为满足初期正常营运必须购置的第一套不构成固定资产的设备、仪器、仪表、工卡模具、器具、工作台(框、架、柜)等的费用。不包括:构成固定资产的设备、工器具和备品、备件;已列入设备购置费中的专用工具和备品、备件。

(3)办公和生活用家具购置费

办公和生活用家具购置费系指为保证新建、改建项目初期正常生产、使用和管理所必须购置的办公和生活用家具、用具的费用。

范围包括:行政、生产部门的办公室、会议室、资料档案室、阅览室、单身宿舍及生活福利设施等的家具、用具。

办公和生活用家具购置费按表 3-2 的规定计算。

办公和生活用家具购置费标准表　　　　　　　　　　　表 3-2

工程所在地	路线(元/km)				有看桥房的独立大桥(元/座)	
	高速公路	一级公路	二级公路	三、四级公路	一般大桥	技术复杂大桥
内蒙古、黑龙江、青海、新疆、西藏	21500	15600	7800	4000	24000	60000
其他省、自治区、直辖市	17500	14600	5800	2900	19800	49000

注:改建工程按表列数 80% 计。

3.3.3.2 费用计算

第二部分费用计算,一般很少涉及具体的设备购置费、工器具购置费的计算,主要是对办公和生活用家具购置费进行计算,操作如建安费操作一样,先进行项目表的添加,然后直接点击计算,系统会自动根据编制办法的相关规定,进行费用计算,如图3-58所示。

图3-58 办公和生活用具购置费

说明:系统内置公式,自动根据项目的公路等级、公里数,进行费用计算。

3.3.4 第三部分工程建设其他费用

3.3.4.1 部分费用概述

下面仅对部分费用作重要解释论述。软件费用组成显示,如图3-59所示。

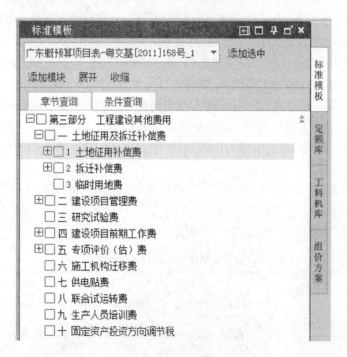

图3-59 费用组成显示图

(1)土地征用及拆迁补偿费

土地征用及拆迁补偿费系指按照《中华人民共和国土地管理法》及其《实施条例》《中华人民共和国基本农田保护条例》等法律、法规的规定,为进行公路建设需征用土地所支付的土地征用及拆迁补偿费等费用。

(2) 建设项目管理费

建设项目管理费包括建设单位(业主)管理费、工程质量监督费、工程监理费、工程定额测定费、设计文件审查费和竣(交)工验收试验检验费。

①建设单位(业主)管理费

建设单位(业主)管理费系指建设单位(业主)为建设项目的立项、筹建、建设、竣(交)工验收、总结等工作所发生的管理费用。不包括应计入设备、材料预算价格的建设单位采购及保管设备、材料所需的费用。

费用内容包括：工作人员的工资、工资性补贴、施工现场津贴、社会保障费用(基本养老、基本医疗、失业、工伤保险)、住房公积金、职工福利费、工会经费、劳动保护费；办公费、差旅交通费、固定资产使用费(包括办公及生活房屋折旧、维修或租赁费、车辆折旧、维修、使用或租赁费、通信设备购置、使用费、测量、试验设备仪器折旧、维修或租赁费、其他设备折旧、维修或租赁费等)、零星固定资产购置费、招募生产工人费；技术图书资料费、职工教育经费、工程招标费(不含招标文件及标底或造价控制值编制费)；合同契约公证费、法律顾问费、咨询费；建设单位的临时设施费、完工清理费、竣(交)工验收费(含其他行业或部门要求的竣工验收费用)、各种税费(包括房产税、车船使用税、印花税等)；建设项目审计费、境内外融资费用(不含建设期贷款利息)、业务招待费和其他管理费性开支。

由施工企业代建设单位(业主)办理"土地、青苗等补偿费"的工作人员所发生的费用，应在建设单位(业主)管理费项目中支付。当建设单位(业主)委托有资质的单位代理招标时，其代理费应在建设单位(业主)管理费中支出。

②工程监理费

工程监理费系指建设单位(业主)委托具有公路工程监理资格证书的单位，按施工监理办法进行全面的监督与管理所发生的费用。

费用内容包括：工作人员的基本工资、工资性津贴、社会保障费用(基本养老、基本医疗、失业、工伤保险)、住房公积金、职工福利费、工会经费、劳动保护费；办公费、会议费、差旅交通费、固定资产使用费(包括办公及生活房屋折旧、维修或租赁费、车辆折旧、维修、使用或租赁费、通讯设备购置、使用费、测量、试验、检测设备仪器折旧、维修或租赁费、其他设备折旧、维修或租赁费等)、零星固定资产购置费、招募生产工人费；技术图书资料费、职工教育经费、投标费用；合同契约公证费、咨询费、业务招待费；财务费用、监理单位的临时设施费、各种税费和其他管理性开支。

工程监理费以建筑安装工程费总额为基数，按表3-3的费率计算。

工程监理费费率表 表3-3

工程类别	高速公路	一级及二级公路	三级及四级公路	桥梁及隧道
费率(%)	2.0	2.5	3.0	2.5

表中的桥梁指水深>15m、斜拉桥和悬索桥等独立特大型桥梁工程；隧道指水下隧道工程。

建设单位(业主)管理费和工程监理费均为实施建设项目管理费用,执行时可根据建设单位(业主)和施工监理单位所实际承担的工作内容和工作量统筹使用。

③设计文件审查费

设计文件审查费系指国家和省级交通主管部门在项目审批前,为保证勘察设计工作的质量,组织有关专家或委托有资质的单位,对设计单位提交的建设项目可行性研究报告和勘察设计文件以及对设计变更、调整概算进行审查所需要的相关费用。

设计文件审查费以建筑安装工程费总额为基数,按0.1%计算。

(3)建设项目前期工作费

建设项目前期工作费系指委托勘察设计、咨询单位对建设项目进行可行性研究、工程勘察设计,以及设计、监理、施工招标文件及招标标底或造价控制值文件编制时,按规定应支付的费用。包括:

①编制项目建议书(或预可行性研究报告)、可行性研究报告、投资估算,以及相应的勘察、设计、专题研究等所需的费用。

②初步设计和施工图设计的勘察费(包括测量、水文调查、地质勘探等)、设计费、概(预)算及调整概算编制费等。

③设计、监理、施工招标文件及招标标底(或造价控制值或清单预算)文件编制费等。

计算方法:依据委托合同计列,或按国家颁发的收费标准和有关规定进行编制。

(4)建设期贷款利息

建设期贷款利息系指建设项目中分年度使用国内贷款或国外贷款部分,在建设期间内应归还的贷款利息。费用内容包括各种金融机构贷款、企业集资、建设债券和外汇贷款等利息。

计算方法:根据不同的资金来源按需付息的分年度投资计算。

计算公式如下:

建设期贷款利息 = Σ(上年末付息贷款本息累计 + 本年度付息贷款额 ÷ 2) × 年利率

即

$$S = \sum (F_{n-1} + b_n \div 2) \times i$$

式中:S——建设期贷款利息;

n——施工年度;

F_{n-1}——建设期第(n-1)年末需付息贷款本息累计;

b_n——建设期第 n 年度付息贷款额;

i——建设期贷款年利率。

3.3.4.2 费用计算

直接在标准模板里,选择添加相应的费用项,系统即自动根据编制办法的内置公式,进行费用计算;对于编制办法没有明确规定的其他工程费用,可按相应的规范进行计算。

〈举例〉建设单位(业主)管理费、工程监理费

内置公式自动计算,如图3-60所示。

〈举例〉勘察费

第3章 施工图预算编制

图 3-60 内置公式计算

根据规范《工程勘察设计收费标准》(2017 年修订本)进行费用计算,如表 3-4、表 3-5 所示。

公路工程勘察收费基价表 表 3-4

序号	项目	公路等级	计费单位	收费基价				
				I	II	III	IV	V
1	初测	高速	正线公里	2.70	4.32	6.15	8.35	10.60
		一级		2.20	3.60	5.05	6.50	9.40
		二、三级		1.10	1.75	2.40	3.55	5.00
2	定测	高速		3.00	4.65	6.75	9.40	11.80
		一级		2.50	3.85	5.55	7.15	10.00
		二、三级		1.40	2.05	3.00	4.20	5.90

公路工程勘察收费附加调整系数表 表 3-5

序号	项目		附加调整系数	备注
1	一次勘测		0.8	按实、定测收费基价之和计算收费
2	施工图阶段的补充定测		0.6	按定测收费基价计算收费
3	正线长度在 30 公里以下的独立项目		1.5	按相关路段主线长度计算收费
4	桥梁、隧道		2~3	
5	立体交叉	一般互通式	2	
		枢纽型互通式	3~4	

3.3.5 预备费

预备费由价差预备费及基本预备费两部分组成。在公路工程建设期限内,凡需动用预备费时,属于公路交通部门投资的项目,需经建设单位提出,按建设项目隶属关系,报交通部或交通厅(局)基建主管部门核定批准。属于其他部门投资的建设项目,按其隶属关系报有关部门核定批准。

3.3.5.1 价差预备费

价差预备费系指设计文件编制年至工程竣工年期间,第一部分费用的人工费、材料费、机械使用费、其他工程费、间接费等以及第二、三部分费用由于政策、价格变化可能发生上浮而预留的费用及外资贷款汇率变动部分的费用。

(1)计算方法:价差预备费以概(预)算或修正概算第一部分建筑安装工程费总额为基数,按设计文件编制年始至建设项目工程竣工年终的年数和年工程造价增长率计算。

计算公式如下:

$$价差预备费 = P \times [(1+i)^{n-1} - 1]$$

式中:P——建筑安装工程费总额;

i——年工程造价增长率(%);

n——设计文件编制年至建设项目开工年+建设项目建设期限。

(2)年工程造价增长率按有关部门公布的工程投资价格指数计算,或由设计单位会同建设单位根据该工程人工费、材料费、施工机械使用费、其他工程费、间接费以及第二、三部分费用可能发生的上浮因素,以第一部分建安费为基数进行综合分析预测。

(3)设计文件编制至工程完工在一年以内的工程,不列此项费用。

3.3.5.2 基本预备费

基本预备费系指经初步设计和概算中难以预料的工程和费用,其用途如下:

(1)进行技术设计、施工图设计和施工过程中,在批准的初步设计和概算范围内所增加的工程费用。

(2)在设备订货时,由于规格、型号改变的价差,材料货源变更、运输距离或方式的改变以及因规格不同而代换使用等原因发生的价差。

(3)由于一般自然灾害所造成的损失和预防自然灾害所采取的措施费用。

(4)在项目主管部门组织竣(交)工验收时,验收委员会(或小组)为鉴定工程质量必须开挖和修复隐蔽工程的的费用。

(5)投保的工程根据工程特点和保险合同发生的工程保险费用。

计算方法:以第(1)、(2)、(3)部分费用之和(扣除固定资产投资方向调节税和建设期贷款利息两项费用)为基数按下列费率计算:

设计概算按5%计列;

修正概算按4%计列;

施工图预算按3%计列。

采用施工图预算加系数包干承包的工程,包干系数为施工图预算中直接费与间接费之和的3%。施工图预算包干费用由施工单位包干使用。

该包干费用的内容为:

(1)在施工过程中,设计单位对分部分项工程修改设计而增加的费用。但不包括因水文地质条件变化造成的基础变更、结构变更、标准提高、工程规模改变而增加的费用。

(2)预算审定后,施工单位负责采购的材料由于货源变更、运输距离或方式的改变以及规格不同而代换使用等原因发生的价差。

(3)由于一般自然灾害所造成的损失和预防自然灾害所采取的措施费用(例如一般防台风、防洪的费用)等。

3.3.5.3 费用计算

在进行预备费的计算时,由于目前造价行政主管部门很少再发布年造价上涨率的指标系数,所以目前的价差预算费,在编制预算时,很少进行改项费用计取;对于涉及此项费用的计算时,特别是在实施过程中,材料价格上涨而发生的费用,大多数情况是通过材料调差的方式进行费用计取。

基本预备费,在进行预算编制时,直接按上面的规定计算即可。

设计概算按5%计列;

修正概算按4%计列;

施工图预算按3%计列。

在系统操作时,直接在后面的公式列,对应填入相应的参数,点击分析计算,即可完成此项基本预备费的计算,如图3-61所示。

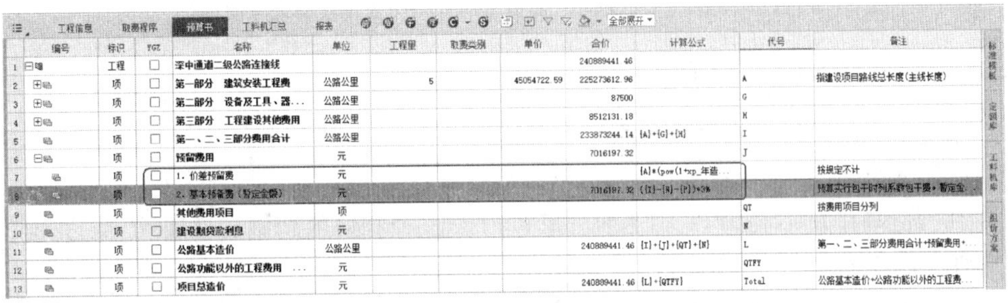

	编号	标识	YGZ	名称	单位	工程量	取费类别	单价	合价	计算公式	代号	备注
1		工程	□	深中通道二级公路连接线					240889441.46			
2		项	□	第一部分　建筑安装工程费	公路公里	5		45054722.59	225273612.96		A	指建设项目路线总长度(主线长度)
3		项	□	第二部分　设备及工具、器...	公路公里				87500		G	
4		项	□	第三部分　工程建设其他费用	公路公里				8512131.18		M	
5		项	□	第一、二、三部分费用合计	公路公里				233873244.14	{A}+{G}+{M}	I	
6		项	□	预留费用	元				7016197.32		J	
7		项	□	1. 价差预留费	元					{A}*(pow(1+xp_年造...		按规定不计
8		项	□	2. 基本预备费(暂定金额)	元				7016197.32	({I}-{N}-{P})*3%		预算实行包干时列系数包干费,暂定金...
9		项	□	其他费用项目	项						QT	按费用项目分列
10		项	□	建设期贷款利息	元						N	
11		项	□	公路基本造价	公路公里				240889441.46	{I}+{J}+{QT}+{N}	L	第一、二、三部分费用合计+预留费用+...
12		项	□	公路功能以外的工程费用 ...	元						QTFY	
13		项	□	项目总造价	元				240889441.46	{L}+{QTFY}	Total	公路基本造价+公路功能以外的工程费...

图3-61　预备费计算

3.4　取费程序

3.4.1　工程费率概述

工程费率主要是指公路工程的其他直接费、现场经费、间接费等费的费率,上述各项费用按部颁编制办法采用"定额直接工程费"乘"费率"方式计算,根据项目所在地具体施工情况选择不同的费率标准(见《概预算编制办法》)。

1)其他工程费

其他工程费系指直接工程费以外施工过程中发生的直接用于工程的费用。内容包括冬季施工增加费、雨季施工增加费、夜间施工增加费、特殊地区施工增加费、行车干扰工程施工增加费、安全及文明施工措施费、临时设施费、施工辅助费、工地转移费等九项。公路工程中的水、电费及因场地狭小等特殊情况而发生的材料二次搬运等其他工程费已包括在概、预算定额中,不再另计。

2)间接费

间接费由规费和企业管理费组成。

规费系指政府和有关权力部门规定施工企业必须缴纳的费用(简称规费)。包括:

养老保险费——施工企业按规定标准为职工缴纳的基本养老保险费;

失业保险费——施工企业按国家规定标准为职工缴纳的失业保险费;

医疗保险费——施工企业按规定标准为职工的基本医疗保险费和生育保险费;

住房公积金——施工企业按规定标准为职工缴纳的住房公积金;

工伤保险费——施工企业按规定标准为职工缴纳的工伤保险费。

企业管理费由基本费用、主副食运费补贴、职工探亲路费、职工取暖补贴和财务费用五项组成。

3) 利润

利润系指施工企业完成所承包工程应取得的盈利,利润按直接费与间接费之和扣除规费的 7.42% 计算(营改增)。

4) 税金

税金系指按国家税法规定应计入建筑安装工程造价内的营业税,城市维护建设税及教育费附加。

计算公式:

$$综合税金额 = (直接工程费 + 间接费 + 利润) \times 综合税率$$

3.4.2 费率选取

扫描视频 3 的二维码可观看取费程序界面操作的视频。

1) 选择属性值

在"取费程序"的右侧窗口,可根据工程所在地选择相应的费率文件属性,通过选择费率文件属性来确定费率值。

把光标停放"冬季施工""雨季施工"等费率项目上时,系统会在线提示该费率属性的详细信息,用户可根据提示信息选择所需要的属性值,如图 3-62 所示。

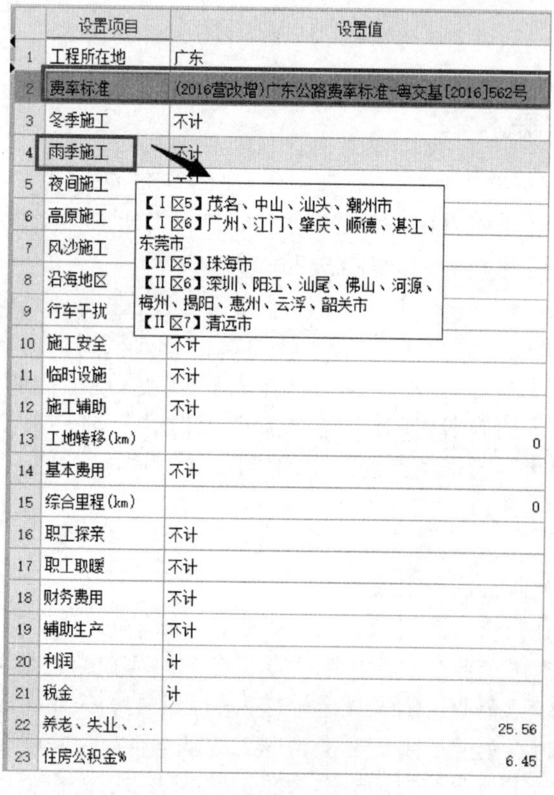

	设置项目	设置值
1	工程所在地	广东
2	费率标准	(2016营改增)广东公路费率标准-粤交基[2016]562号
3	冬季施工	不计
4	雨季施工	不计
5	夜间施工	
6	高原施工	
7	风沙施工	
8	沿海地区	
9	行车干扰	
10	施工安全	不计
11	临时设施	不计
12	施工辅助	不计
13	工地转移(km)	0
14	基本费用	不计
15	综合里程(km)	0
16	职工探亲	不计
17	职工取暖	不计
18	财务费用	不计
19	辅助生产	不计
20	利润	计
21	税金	计
22	养老、失业、…	25.56
23	住房公积金%	6.45

提示框内容:
【Ⅰ区5】茂名、中山、汕头、潮州市
【Ⅰ区6】广州、江门、肇庆、顺德、湛江、东莞市
【Ⅱ区5】珠海市
【Ⅱ区6】深圳、阳江、汕尾、佛山、河源、梅州、揭阳、惠州、云浮、韶关市
【Ⅱ区7】清远市

图 3-62 取费参数设置

2) 费率加权计算

当工程跨越不同的取费区域时,只需点击鼠标右键,选取"费率加权计算",填写项目在

不同取费区域内的里程,系统就能根据这些数据自动加权计算冬季、雨季、高原、风沙等费率项目的费率值,如图3-63所示。

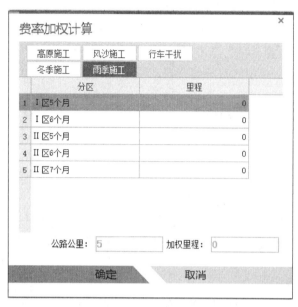

图3-63 费率加权计算

设置好了费率属性后,可在"取费程序"靠左上方的窗口查看设置好的取费费率(图3-63)。系统中所有的费率项设置的费率值均可在此窗口查看,包括利润,税金、冬季施工增加费、雨季施工增加费、夜间施工增加费等各费率参数显示,如图3-64所示。

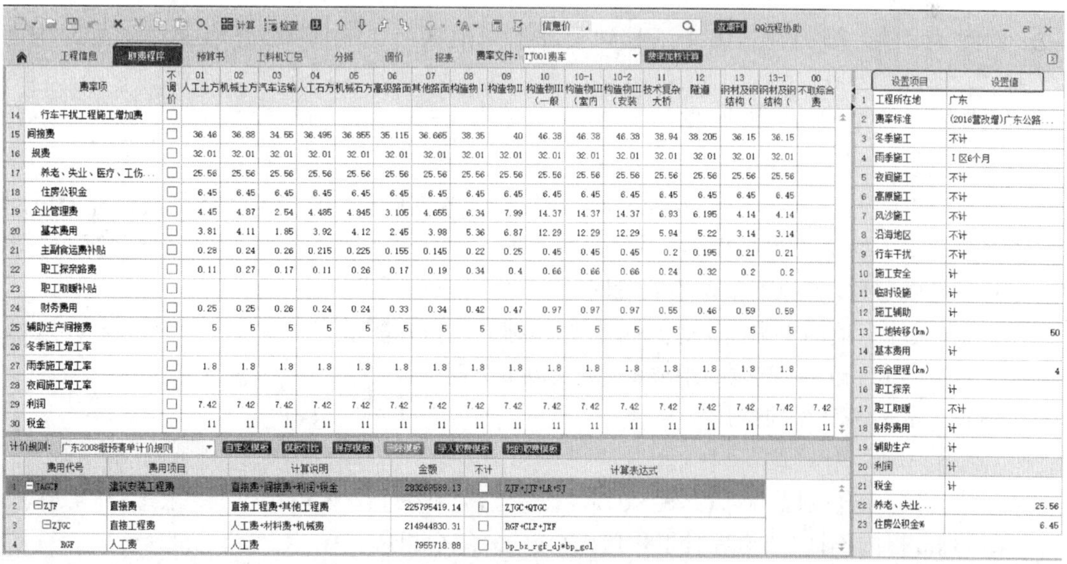

图3-64 费率参数显示

3)修改费率值

(1)直接修改

在"取费程序"界面,字体为蓝色的费率值可以直接输入修改,对于与费率属性不对应的费率值,可手动修改的费率值,系统会用红色字体标识,表示该费率值与系统内置标准值不同。

(2)费率乘系数

如需要进行费率乘系数的操作,则先要自定义取费模板,然后在靠"取费程序"左下方窗口,选择需要乘系数的"费率项",点击鼠标右键,选择"费率乘系数",在弹出的输入窗口里,输入系数点"确定",该费率项的费率值会自动乘系数调整。

(3)恢复默认值

如需恢复系统默认设置值,则可以在右键菜单中选择"恢复默认费率值"即可。

3.4.3　特别取费说明

1)冬季施工增加费

若工期在一年内,且不在冬季施工期,则不计(经验值)。

若工期在一年内,但经过冬季施工期,则计(经验值)。

一条路线穿过两个以上的气温区时,分段计算或者按各区工程量比例求得全线的平均增加率。

2)雨季施工增加费

采用全年平均摊销的方法计算雨量,不考虑施工期雨量多少,均按工程所在地属于哪个雨量区几个月计算。

3)风沙地区施工增加费

风沙地区施工增加费是由于在沙漠地区施工时受风沙影响而产生。

4)沿海地区施工增加费

沿海地区施工增加费是由于工程项目在沿海地区施工受海风、海浪和潮汐的影响而产生。

5)行车干扰工程施工增加费

(1)新建工程是不计的;

(2)改建工程,应尽量考虑社会交通车辆绕行及临时便道,确实无法绕行或修建便道时方考虑计行车干扰施工增加费。

6)工地转移费(若施工单位不明确时)

(1)省会—工地的距离(高速、一级公路及独立大桥和隧道);

(2)地区(市、盟)—工地的距离(二级及以下公路);

(3)50km 内不计该项费用。

7)综合里程

计算公式:综合里程=粮食运距×0.06+燃料运距×0.09+蔬菜运距×0.15+水运距×0.70

(1)1km 以内不计,知道综合里程值,直接输入综合里程;

(2)知道各种运距的,输入实际值,按公式算出综合里程;

(3)如果都不知道,参考陕西、河北补充编办:

经验值:平原微丘区项目综合里程按 5km 计算;

　　　　山岭重丘区项目综合里程按 10km 计算。

8) 职工探亲路费(工期在一年内也计)

9) 职工取暖补贴或降温费(经验值,参考)

若工期一年内且不在冬季期则不计;

若在冬季但在准一区则不计(或者预算时都计取)。

10) 利润

利润=(直接费+间接费-规费)×7.42%(16年营改增调整)。

11) 税金

税金:11%,2016年5月营改增调整;10%,2018年3月营改增调整。

12) 规费

规费,根据各省的补充规定计取。

规费系指政府和有关权力部门规定施工企业必须缴纳的费用(简称规费)。

包括:

(1) 养老保险费——指施工企业按规定标准为职工缴纳的基本养老保险费;

(2) 失业保险费——指施工企业按国家规定标准为职工缴纳的失业保险费;

(3) 医疗保险费——指施工企业按规定标准为职工的基本医疗保险费和生育保险费;

(4) 住房公积金——指施工企业按规定标准为职工缴纳的住房公积金;

(5) 工伤保险费——指施工企业按规定标准为职工缴纳的工伤保险费。

以下各省规费取值汇总表,如表3-6所示。

各省规费取值表 表3-6

序号	省市	养老保险费	失业保险费	医疗保险费 (含生育保险)	住房公积金	工伤保险	合计
1	湖南	20.00%	2.00%	8.70%	9.00%	0.50%	40.20%
2	河南	20.00%	2.00%	7.00%	5.00%	1.00%	35.00%
3	湖北	20.00%	1.00%	9.00%	7.00%	1.00%	38.00%
4	河北	20.00%	2.00%	6.50%	10.00%	1.00%	39.50%
5	重庆	20.00%	2.00%	9.70%	7.00%	1.50%	40.20%
6	广东	20.00%	1.00%	4.06%	6.45%	0.50%	32.01%
7	广西	20.00%	2.00%	8.60%	10.00%	1.00%	41.60%
8	安徽	20.00%	1.10%	8.00%	8.00%	1.00%	38.10%
9	浙江	20.00%	2.00%	8.00%	12.00%	1.00%	43.00%
10	江苏	21.00%	2.00%	9.80%	8.00%	0.50%	41.30%
11	山东	20.00%	2.00%	7.00%	12.00%	1.00%	42.00%
12	新疆	20.00%	2.00%	8.30%	8.00%	0.50%	38.80%
13	宁夏	20.00%	2.00%	6.70%	8.50%	1.00%	38.20%
14	陕西	20.00%	2.50%	6.60%	8.00%	1.70%	38.80%
15	辽宁	20.00%	2.00%	8.00%	10.00%	1.00%	41.00%
16	四川	20.00%	2.00%	7.00%	9.00%	1.00%	39.00%

续上表

序号	省市	养老保险费	失业保险费	医疗保险费（含生育保险）	住房公积金	工伤保险	合计
17	吉林	21.00%	2.00%	6.70%	8.00%	1.00%	38.70%
18	福建	18.00%	2.00%	7.70%	10.00%	1.00%	38.70%
19	西藏	20.00%	2.00%	8.50%	15.00%	1.00%	46.50%
20	贵州	20.00%	2.00%	7.50%	5.00%	1.20%	35.70%
21	江西	20.00%	2.00%	6.60%	8.00%	2.20%	38.80%
22	上海	22.00%	2.00%	12.50%	7.00%	0.50%	44.00%
23	山西	20.00%	2.00%	6.70%	8.50%	1.00%	38.20%
24	云南	20.00%	2.00%	10.00%	6.00%	1.00%	39.00%
25	青海	20.00%	2.00%	11.00%	11.00%	1.00%	45.00%
26	黑龙江	20.00%	2.00%	6.00%	5.00%	1.50%	34.50%
27	天津	17.86%	1.78%	9.65%	9.82%	0.90%	40.01%
28	甘肃	20.00%	2.00%	8.90%	7.00%	1.00%	38.90%
29	海南	20.00%	2.00%	6.50%	8.00%	1.00%	37.50%
30	内蒙古	20.00%	2.00%	6.70%	8.00%	1.00%	37.70%
31	北京	20.00%	1.50%	9.00%	12.00%	1.00%	43.50%

3.5 工料机汇总

工料机分析是对单位工程造价基础数据的分析，是计算各类费用的基础。在完成"预算书"窗口的操作后，切换进入"工料机汇总"窗口，系统会自动汇总当前单位工程的工料机，包括工料机编号、名称、单位、消耗量及单价信息，并可按人工、材料、机械分类显示，如图3-65所示。

图3-65 工料机汇总界面

3.5.1 人工费

人工费系指列入概、预算定额的直接从事建筑安装工程施工的生产工人开支的各项费用,内容包括:

(1)基本工资。系指发放生产工人的基本工资,流动施工津贴和生产工人劳动保护费,以及职工缴纳的养老、失业、医疗保险费和住房公积金等。

生产工人劳动保护费系指按国家有关部门规定标准发放的劳动保护用品的购置费及修理费,徒工服装补贴,防暑降温费,在有碍身体健康环境中施工的保健费用等。

(2)工资性补贴。系指按规定标准发放的物价补贴,煤、燃气补贴,交通补贴,地区津贴等。

(3)生产工人辅助工资。系指生产工人年有效施工天数以外非作业天数的工资,包括开会和执行必要的社会义务时间的工资,职工学习、培训期的工资,调动工作、探亲、休假期间的工资,因气候影响停工期的工资,女工哺乳时间的工资,病假在六个月以内的工资及产、婚、丧假期的工资。

(4)职工福利费。系指按国家规定标准计提的职工福利费。

人工费以概、预算定额人工工日数乘以每工日人工费计算。

公路工程生产工人每工日人工费按如下公式计算:

人工费(元/工日)=[基本工资(元/月)+地区生活补贴(元/月)+工资性津贴(元/月)]×
(1+14%)×12月/240(工日)

式中:工人基本工资——按不低于工程所在地政府主管部门发布的最低工资标准的1.2倍计算;

地区生活补贴——国家规定的边远地区生活补贴、特区补贴;

工资性津贴——物价补贴,煤、燃气补贴,交通费补贴等。

以上各项标准由各省、自治区、直辖市公路(交通)工程造价(定额)管理站根据当地人民政府的有关规定核定后公布执行,并抄送交通部公路司备案,并应根据最低工资标准的变化情况及时调整公路工程生产工人工资标准。

人工费单价仅作为编制概、预算的依据,不作为施工企业实发工资的依据。

3.5.1.1 确定人工、机械工单价

切换到"工料机汇总"界面,在这里我们可以通过系统"帮助"→"定额说明",查看各省的补充编办,看人工单价是多少,然后直接在人工、机械工的预算单价列输入即可。

〈举例〉海南省人工工日单价

根据琼交运综【2011】259号文,确定人工、机械工单价

人工:56.77;机械工:56.77;如图3-66所示。

直接输入人工预算价。预算价变为红色,表示已人为修改。

直接输入机械工预算。预算价变为红色,表示已人为修改。

3.5.1.2 各省人工、机械工汇总

根据全国各省发布的公路工程补充规定,摘抄汇总各省的人工、机械工单价,如表3-7所示。

图 3-66 人工、机械工单价确定

全国公路工程人工费工日单价汇总表（2018-01-10） 表 3-7

序号	省份	人工费标准	批准文件	文号	执行时间	备注
1	北京	80~100 元/工日	—	—	2012 年 8 月	
2	天津	99.6 元/工日	《关于调整天津市公路工程人工费单价的通知》	定[2014]05 号	2014 年 4 月 1 日	
3	河北	57.00 元/工日	《河北省交通运输厅关于公布我省公路工程人工费工日定额标准的通知》	冀交基[2012]104 号	2012 年 3 月 2 日	
4	山西	43.50 元/工日	《山西省交通运输厅关于印发山西省公路工程基本建设项目概算预算编制补充规定的通知》	晋交建管发[2013]229 号	2013 年 4 月 18 日	
5	内蒙古	45.83~61.22 元/工日	内蒙古关于执行《公路工程基本建设项目概算、预算编制办法》的补充规定	—	2008 年 7 月 1 日	
		45.83 元/工日	呼和浩特、包头（市区、固阳县、土默特右旗）、呼伦贝尔（扎兰屯市、阿荣旗）、兴安盟（阿尔山市除外）、通辽（霍林郭勒市除外）、赤峰、乌兰察布（集宁区、丰镇市、卓资县、兴和县、凉城县、察哈尔右翼前旗）、鄂尔多斯（鄂托克前旗除外）、巴彦淖尔（乌拉特中旗、乌拉特后旗除外）			
		51.53 元/工日	包头（达尔罕茂明安联合旗、石拐区）、呼伦贝尔（扎兰屯市、阿荣旗、根河市除外）、兴安盟（阿尔山市）、通辽（霍林郭勒市）、锡林郭勒盟（阿巴嘎旗、苏尼特左旗、苏尼特右旗除外）、乌兰察布（察哈尔右翼中旗、哈尔右翼后旗、商都县、化德县）、鄂尔多斯市（鄂托克前旗）、巴彦淖尔市（乌拉特中旗）			
		61.22 元/工日	包头（白云矿区）、呼伦贝尔（根河市）、锡林郭勒盟（阿巴嘎旗、苏尼特左旗、苏尼特右旗）、乌兰察布（四子王旗）、巴彦淖尔市（乌拉特后旗）、乌海、阿拉善盟			
6	辽宁	56.89 元/工日	《关于调整我省公路建设项目概算和预算编制人工费单价的通知》	辽交建发[2011]159 号	2011 年 5 月 6 日	
7	吉林	60.40 元/工日	《关于调整吉林省公路工程人工费单价的通知》	吉交发[2011]32 号	2011 年 5 月 1 日	含机械工
8	黑龙江	49.37~70.35 元/工日（非艰苦）	《关于调整我省公路工程概算预算人工工日单价的通知》	黑交发[2011]57 号	2011 年 1 月 1 日	
9	上海	82.73 元/工日	关于发布《上海市公路基本建设工程投资估算编制补充规定（试行）》的通知-沪建交[2012]772 号	沪建交[2012]772 号	2012 年 9 月 1 日	含机械工

续上表

序号	省份	人工费标准	批准文件	文号	执行时间	备注
10	江苏	机械工、养护工：73.10元/工日 机械工：87.07元/工日	《江苏省交通运输厅关于调整我省交通建设工程人工费单价的通知》	苏交质[2012]40号	2012年12月1日	
11	浙江	77.05元/工日	《关于调整浙江省公路工程概算预算编制人工费单价的通知》	浙交[2012]88号	2012年3月20日	含机械工
12	安徽	61.2元/工日	《安徽省交通运输厅关于调整安徽省公路工程人工费单价标准的通知》	皖交建管函[2014]524号	2015年1月1日	
13	福建	72元/工日（厦门） 61元/工日（除厦门） 86元/工日（船员） 130元/工日（潜水员）	《福建省交通运输厅关于调整公路工程基本建设项目估算概算预算定额人工费标准的通知》	闽交建[2014]162号	2014年11月17日	
14	江西	44.72~55.90元/工日	江西省交通运输厅关于印发《〈公路工程基本建设项目估算、概算、预算编制办法〉江西省补充规定》的通知	赣交基建字[2012]130号	2013年1月1日	
		项目类别或公路等级	高速公路、一级公路、独立特大桥、隧道工程、独立技术复杂大桥	二级公路、一般独立大桥	三级公路、四级公路、等外公路	
		取费等级	一级	二级	三级	
		人工费单价（元/工日）	55.9	50.31	44.72	
15	山东	61.07元/工日	关于印发《山东省公路工程基本建设项目投资估算概算预算编制补充规定》的通知	鲁交规划[2012]18号	2012年3月9日	
16	河南	53.87元/工日	《关于调整河南省公路工程人工费单价的通知》	豫交规划[2011]118号	2011年6月1日	含机械工
17	湖北	59.11元/工日	《省交通运输厅关于调整湖北省公路工程估算、概算、预算人工工日单价标准的通知》	鄂交建[2012]68号	2012年1月1日	
18	湖南	68.91元/工日	《湖南省交通运输厅关于调整湖南省公路工程基本建设项目人工工日单价及税金的通知》	湘交造价[2013]332号	2013年8月15日	含机械工

续上表

序号	省份	人工费标准	批准文件	文号	执行时间	备注
19	广东	59.74~79.33元/工日（潜水工149.94元/工日）	《关于调整我省公路工程概算预算人工工日单价的通知》	粤交基函[2010]1915号	2010年9月6日	
		地区类别	一类	二类	三类	四类	深圳
		适用地区	广州	珠海、佛山、东莞、中山	汕头、惠州、江门	韶关、河源、梅州、汕尾、阳江、湛江、茂名、肇庆、清远、潮州、揭阳、云浮	深圳
		人工工日单价	74.28	69.12	63.29	59.74	79.33
20	广西	45.00元/工日；潜水工100元/工日；工程船舶人工50元/工日	《关于印发公路基本建设工程概算预算编制办法广西补充规定的通知》	桂父基建发[2008]62号	2008年7月1日	
21	海南	56.77元/工日	《海南省交通运输厅关于调整我省公路工程概预算人工工日单价的通知》	琼交运综[2011]259号	2011年5月1日	含机械工
22	重庆	43.15~50.39元/工日	重庆市交通委员会关于执行交通部《公路工程基本建设项目概算预算编制办法》(JTGB06—2007)的通知	渝交委路[2008]31号	2008年7月1日	
		一类地区	50.39元/工日	渝中区、大渡口区、江北区、沙坪坝区、九龙坡区、南岸区、北碚区、渝北区、巴南区、高新区（经开区）			
		二类地区	43.15元/工日	万州区、涪陵区、万盛区、双桥区、长寿区、江津区、合川区、永川区、南川区、綦江县、潼南县、铜梁县、大足县、璧山县、荣昌县、黔江区、梁平县、丰都县、垫江县、忠县、开县、武隆县、巫山县、云阳县、城口县、奉节县、巫溪县、石柱县、秀山县、酉阳县、彭水县			
23	四川	42.81~79.29元/工日	四川省交通厅关于贯彻执行交通部2007年《公路基本建设项目概算预算编制办法》及配套定额有关事项的通知	川交函[2008]412号	2008年7月1日	
24	贵州	48.07元/工日	《贵州省公路工程基本建设项目概、预算编制补充规定》	黔交价管[2008]39号	2008年7月1日	
25	云南	63.46元/工日（二级及其以上公路）	《云南省交通运输厅关于调整云南省公路工程人工工日单价的通知》	云交基建[2012]413号	2012年6月25日	含机械工
		59.10元/工日（二级以下公路）				

续上表

序号	省份	人工费标准	批准文件	文号	执行时间	备注
26	西藏	80~90元/工日	《关于发布〈西藏自治区公路工程基本建设项目概算预算编制办法补充规定〉的通知》	藏交办发〔2011〕59号	2012年1月1日	
27	陕西	45.04元/工日	《陕西省交通厅关于执行交通部公路工程概算预算定额及编制办法的通知》	陕交函〔2012〕419	2012年7月1日	
28	甘肃	58~89元/工日	关于印发《甘肃省执行交通运输部2007年公路工程基本建设项目概算预算编制办法的通知》	甘交发〔2012〕63号	2012年9月1日	机械工安人工工日单价标准的130%执行
		58元/工日	兰州市城关区、七里河区、安宁区、西固区、平凉市蛙嗣区、泾川县、灵台县崇信县、华亭县、白银市白银区、会宁县、景泰县、靖远县、天水市秦州区、麦积区、清水县、泰安县、甘谷县、武山县、庆阳市西峰区、庆城县、宁县、正宁县、合水县、武威市琼州区、定西市安定区、通渭县、陇西县、渭源县、临洮县、岷县、漳县、张掖市甘州区、临泽县、高台县、山丹县、陇南市武都区、成县、西河县、礼县、徽县、两当县、文县、康县、宕昌县、临夏州临夏市、永靖县			
		65元/工日	兰州市红古区、榆中县、永登县、皋兰县、金昌市金川区、永昌县、白银市平川区、庆阳市镇原县、华池县、环县、平凉市庄搜县、静宁县、天水市张家川回族自治县、临夏州临夏县、和政县、广河县、康乐县、甘南州临潭县、舟曲县、迭部县、武威市古浪县、民勤县、张掖市民乐县、嘉峪关市、酒泉市肃州区、敦煌市、玉门市、瓜州县、金塔县			
		74元/工日	临夏州东乡族自治县、积石山保安族东乡撒拉族自治县、张掖市肃南裕固族自治县、武威市天祝藏族自治县、甘南州合作市、卓尼县、夏河县、酒泉市肃北蒙古族自治县、阿克塞哈萨克族自治县			
		89元/工日	甘南州玛曲县、碌曲县			
29	青海	65.00~89.00元/工日	《青海省公路工程基本建设项目概算、预算编制办法补充规定》	青交公〔2008〕364号	2008年7月1日	
		65元/工日	西宁市区、大通县、湟中县、湟源县、乐都县、民和县、平安县、互助县、循化县			
		70元/工日	化隆县、贵德县、共和县、尖扎县、同仁县、海晏县、门源县			
		75元/工日	同德县、贵南县、兴海县、祁连县、刚察县、德令哈市、乌兰县、都兰县			
		80元/工日	泽库县、河南县、天峻县、大柴旦行委、格尔木市、冷湖行委			
		85元/工日	茫崖行委、玛沁县、班玛县、久治县、甘德县、达日县、玛多县、杂多县、称多县、治多县、囊谦县、玉树县、曲麻莱县			
		89元/工日	唐古拉山镇			

续上表

序号	省份	人工费标准	批准文件	文 号	执行时间	备注
30	宁夏	63.90元/工日	宁夏交通运输厅关于执行交通运输部《公路工程基本建设项目投资估算编制办法》(JTGM20—2011)和《公路工程估算指标》(JTG/TM21—2011)的通知	宁交办发[2012]45号	2012年1月1日	
31	新疆	59.79~119.81元/工日	《关于调整我区公路工程概预算人工费工日单价的通知》	新交造价[2010]4号	2010年6月1日	

注:1.人工工日单价仅作为编制公路工程造价文件的依据,不作为施工企业实发工资的依据。
2.公路工程机械(含工程船舶)台班定额中人工工日单价按本工日单价执行。
3.公路工程建设项目跨不同地区时,人工工日单价按路线里程加权计算。

3.5.2 材料费

材料费系指施工过程中耗用的构成工程实体的原材料、辅助材料、构(配)件、零件、半成品、成品的用量和周转材料的摊销量,按工程所在地的材料预算价格计算的费用。

材料预算价格由材料原价、运杂费、场外运输损耗、采购及仓库保管费组成。

材料预算价格=(材料原价+运杂费)×(1+场外运输损耗率)×(1+采购及保管费率)-包装品回收价值

3.5.2.1 材料预算价

切换到"工料机汇总"界面的"材料"分栏,可以通过直接手工输入价格、导入价格信息、导入调用其他项目的单价文件等操作,直接确定材料的预算价。

扫描视频3的二维码可观看详细操作的视频。

(1)手工输入价格

材料的预算价,是指材料到工地仓库的价格,不是材料的出厂价格,也不是市场价格。如果知道材料预算价,即到场价格,我们直接在预算单价处输入修改即可。

练习:输入如表3-8所示的材料预算单价。

材料预算单价　　　　　　　　表3-8

名称	单位	预算单价	名称	单位	预算单价
光圆钢筋	t	4500.00	汽油	kg	11.3
带肋钢筋	t	5000.00	柴油	kg	8.95

在"工料机汇总"界面,手工逐条输入材料预算价格,如图3-67所示。

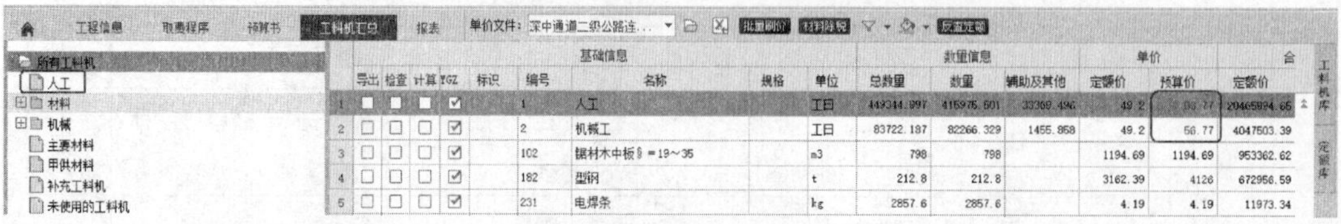

图3-67 输入材料预算价

输入光圆钢筋 4500,预算价变为红色,表示已人为修改。

输入带肋钢筋 5000,预算价变为红色,表示已人为修改。

(2)直接在线刷价

定位某条需要刷价的材料,直接点击"刷预算价"即可,如图 3-68 所示。

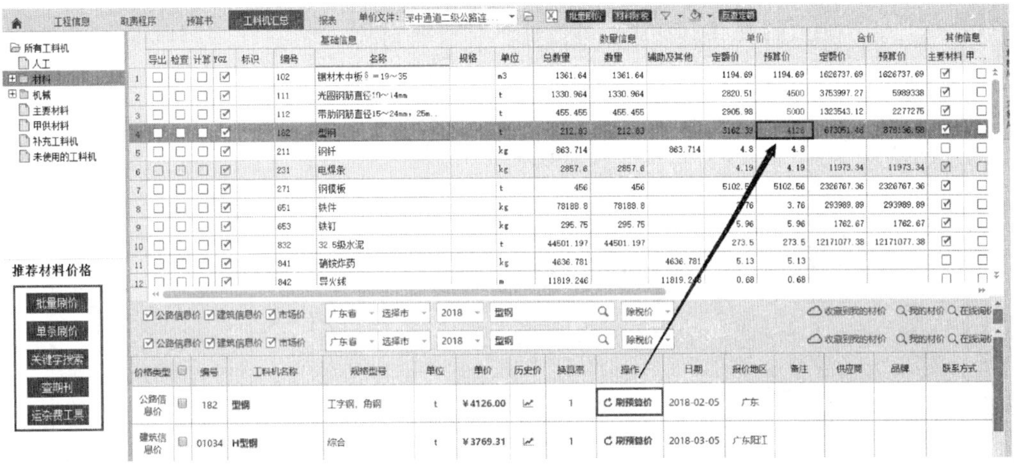

图 3-68 在线刷价

如不能直接在线刷价的,登录天工造价会员,即可使用在线刷价功能。

(3)批量导入价格信息

在"工料机汇总"界面,点击鼠标右键选择"导入刷价"→"导入 Excel 文件",选择后缀名为"xls"或"prices"的工料机价格信息文件,点击"打开",导入成功后系统会提示"导入材料价格文件完毕",此时系统内与导入文件中编号、名称、单位相同的工料机价格被批量刷新。

工料机价格导入的 Excel 格式,如图 3-69 所示。

价格信息导入成功后,系统会将被批量刷新价格的工料机所对应的"检查"里打上钩,表示该项材料价格已被检查刷新。

(4)调用单价文件

当做新项目时,已经有其他老项目的单价文件,这个时候,可以直接调用,旧项目的单价文件,然后直接调用旧单价文件到新项目即可。

点击工具栏的 图标,可以导入单价文件。导入的单价文件,会自动导入到建设项目下,以便于在单价文件下拉列表中显示,方便单价文件的关联选用,如图 3-70 所示。

点击"关联单价文件"→项目管理界面的单价文件,则该文件被几个造价文件同时关联引用。当打开该单价文件进行价格修改时,则所有造价文件的工料机单价全部修改。该功能可实现一个项目下多个标段的单价文件一改全改,一审全审。

3.5.2.2 自采材料、运杂费计算

输入自采的砂、石、黏土等到"自采材料",按定额中开采单价加辅助生产间接费和矿产资源税(如有)计算。

材料原价应按实计取。各省、自治区、直辖市公路(交通)工程造价(定额)管理站应通过调查,编制本地区的材料价格信息,供编制概、预算使用。

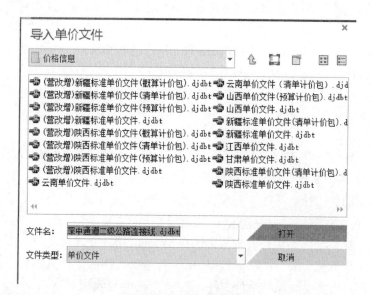

图 3-69 导入 Excel 格式信息价

图 3-70 选择导入单价文件

运杂费系指材料自供应地点至工地仓库(施工地点存放材料的地方)的运杂费用,包括装卸费、运费,如果发生,还应计囤存费及其他杂费(如过磅、标签、支撑加固、路桥通行等费用)。

(1)自采材料计算

找到"工料机汇总"界面里的"计算"列,将要计算的材料勾选,然后切换到"预算价计算",点击"原价运杂费",在"起讫地点"处输入自采地点,在下方的"自采定额"窗口的空白处点击鼠标右键,选择"增加",进入定额选择窗口,选择所需套用的定额,双击或单击鼠标右键选择"添加选中行"即可,如图3-71所示。

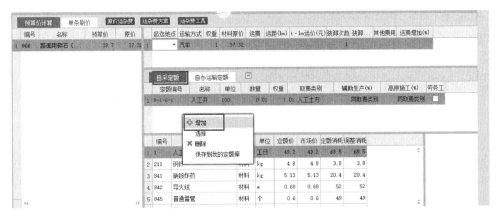

图3-71 自采材料计算

"高原施工费率(%)"处的值如果是"0",则系统显示为"同取费类别",计算高原施工时,高原施工费率取的是系统费率文件中高原施工费率的值;如果"高原施工费率(%)"处的值不为"0",则系统计算高原施工时,高原施工费率取该处的填写值。

部颁08预算定额的第八章自采定额8-1-8(人工捶碎石)和8-1-9(机械轧碎石)所用的片石(定额代号931)与其他定额所列片石的定额单价不同,因为前者是片石的料场开采价。

为了区别,同时为使计算过程更加合理,系统建立了一过渡材料——开采片石(代号8931),来代替第八章自采定额中的片石(定额代号931)。在计算各碎石、石屑料场价时,只需直接选择标准定额(人工捶碎石、机械轧碎石),但必须先计算出开采片石料场价。系统将在02表中统计需开采的片石数量,方便组织辅助生产。

(2)运费杂计算

①社会运输

选择计算材料,切换进入"材料单价计算"窗口,输入材料的"起讫地点""原价""运距""t·km运价""装卸费单价"等参数,并选择运输方式,通过分析计算即可计算出材料运杂费,如图3-72所示。

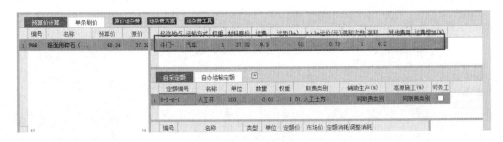

图3-72 材料运杂费计算

②自办运输

选择计算材料,切换进入"材料单价计算"窗口,选择运输方式为"自办运输",输入除

"t·km 运价"、"装卸费单价"的其他参数,切换到"自办运输定额"窗口,在空白处点击选择"增加"进入选套运输定额的窗口,选择所需套用的定额,双击或单击鼠标右键选择"添加选中行"即可,如图 3-73 所示。

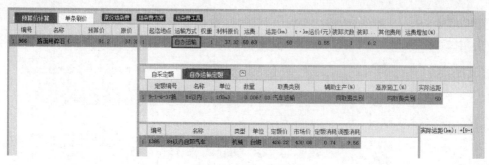

图 3-73 材料自办运输

如要进行运距调整,则直接在"实际运距"处输入实际的运输距离。

如有高原施工取费,则请确认系统"取费程序"中项目属性已经选择了高原施工,然后在此处的"高原施工取费类别"处选择相应的"取费类别"。

3.5.3 机械台班

机械台班费用,由不变费用和可变费用组成。不变费用,机械台班费用是定额规定的,可变费用由机上柴油、重油、电等燃料费和机上人工费组成。由于可变费用已经在材料单价里调整,即这里不需要进行相关的预算单价调整操作。

机械台班的养路费车船税标准也在该窗口进行选择,根据"财综〔2008〕84 号"文件规定,自 2009 年 1 月 1 日起,在全国范围内统一取消公路养路费,故在系统中已默认勾上"不计养路费",即系统自动扣除该部分费用。

机械台班费用单价的操作,只需要对应选择本省的车船税使用费标准即可,如图 3-74 所示。

图 3-74 车船税使用费标准选择

3.6 报表打印

系统报表包括"预算书报表"和"项目报表"。其中,报表类型又分为"编制报表"和"审核报表";审核报表,需要在审核状态下才能看到。进行"分析与计算"后切换到报表窗口,在窗口左侧报表树中选中报表,系统会自动生成并显示相应的数据报表。预算书报表如图3-75 所示。

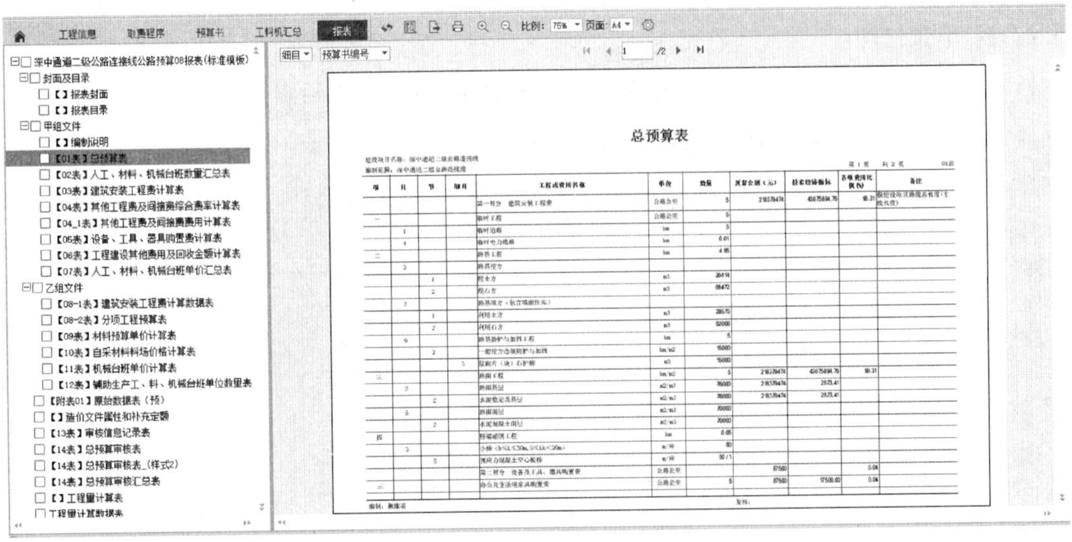

图 3-75 报表界面预览

在"项目报表"界面,可以看到窗口左侧的项目报表树有"编制报表"和"审核报表",用户可根据需要汇总输出,如图 3-76 报示。

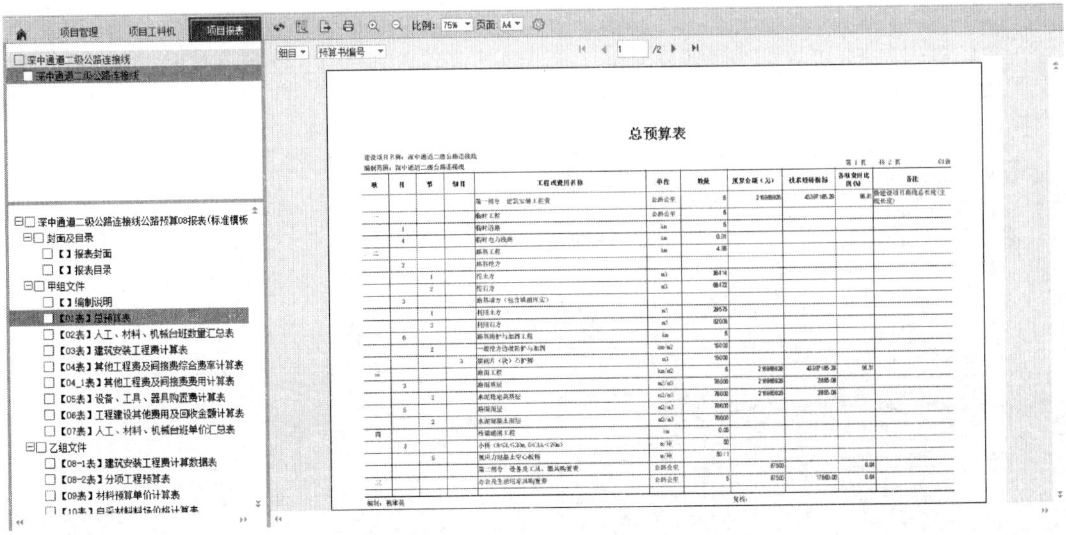

图 3-76 项目报表界面预览

项目报表汇总规则是：只汇总编号不为 0 的同计价依据造价文件。

如果有多个造价文件参与项目汇总，需确认建设项目文件的"编制类型"和下属所有造价文件的"计价依据"是否对应。例如某建设项目文件的"编制类型"选择的是"施工图预算"，那其所属造价文件的"计价依据"必须为"预算计价依据"，这样才能保证正常输出相应的汇总报表。

3.6.1 打印报表

扫描视频 3 的二维码，可观看详细操作的视频。

3.6.1.1 单张打印

切换至"报表"或"项目报表"窗口，选择生成需要的报表，然后点击 ![print] 直接打印，也可根据表头上方的工具报表工具菜单设置打印，如图 3-77 所示。

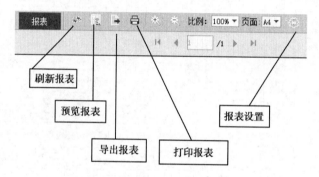

图 3-77 报表工具菜单功能介绍

3.6.1.2 批量打印

切换至"报表"或"项目报表"窗口，对要批量导出的报表的前面空框处打钩选择，点击"打印"按钮，如图 3-78 所示。

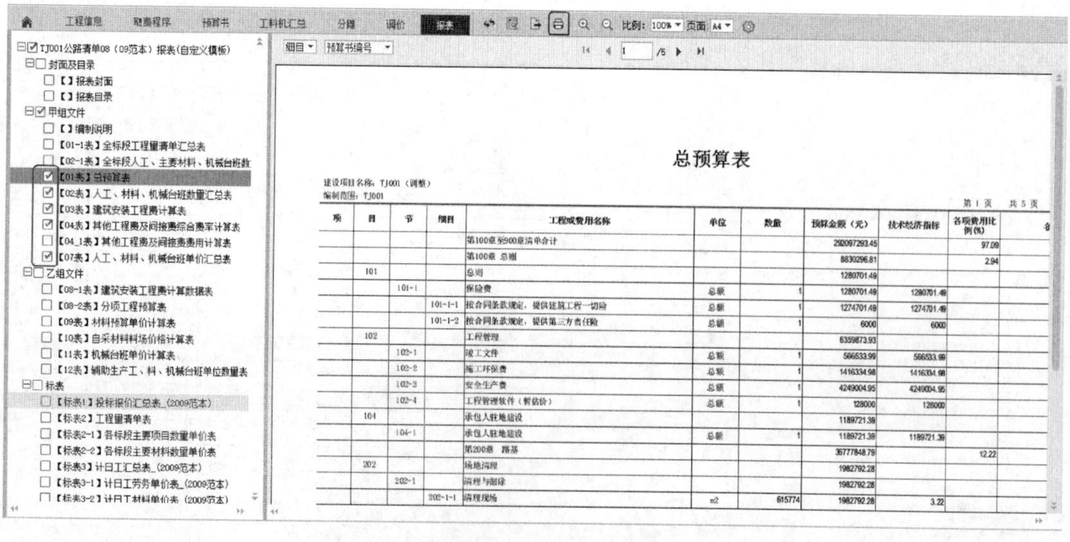

图 3-78 批量打印报表

3.6.1.3 显示打印时间

批量打印时,需要显示打印时间,勾选"显示打印时间",以控制报表输出打印时间。

3.6.2 导出报表

3.6.2.1 报表单张导出

切换至"报表"或"项目报表"窗口,选择生成需要的报表,然后点击 ![icon],弹出保存窗口,选择好保存路径和导出文件类型后,点击确定导出报表,如图 3-79 所示。

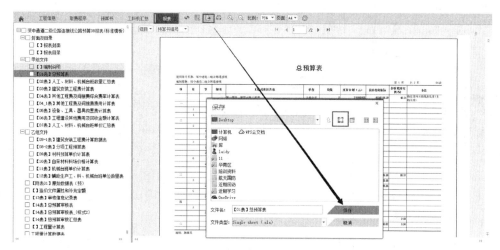

图 3-79 单张报表导出

3.6.2.2 报表批量导出

切换至"报表"或"项目报表"窗口,对要批量导出的报表的前面空框处打钩选择,点击"导出"按钮,然后会弹出一个对话框,可选单个文件合并多张报表导出,还是多个文件单独每个报表分别导出,如图 3-80 所示。

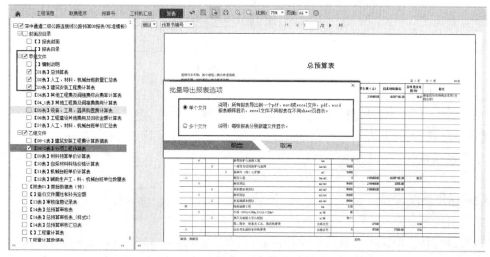

图 3-80 报表批量导出

在第三个下拉列表框中,可以选择报表导出的格式,分别有"Single sheet",导出为 Excel

单工作表的格式;"Multiple sheets",导出为 Excel 多个工作表格式;另外,还可输出 Word 或 pdf 格式,如图 3-81 所示。

图 3-81　报表导出格式选择

3.6.3　报表设置

在预算书报表界面或项目报表界面,点击"设置报表"按钮,会出现报表设置对话框,比如"通用数据设置"、"通用页面设置"、"当前节点设置"、"说明与帮助",能够统一设置报表名称、页面边距、纸张大小等一些调节报表的参数。点击"齿轮"的图标,即可出跳出设置报表的对话框,如图 3-82 所示。

图 3-82　报表设置按钮

3.6.3.1　通用数据设置

报表表头设置,比如从预算设置为结算或决算的报表形式,直接对应勾选相应的表头设置,即可。结算、决算表头可选,两个单选框表示,默认不使用结算或决算表头。

审核表标题设置审核报表的标题,默认以括号加 * 审的形式显示审核状态,如不需要显示审核状态时,可以将复选框钩去掉(图 3-83)。

3.6.3.2　通用页面设置

报表页边距设置

报表已默认了最常用的页边距设置,如需修改,可分别对 A3 及 A4 的报表进行设置。

首先,选择"通用页面设置"标签,选择需要设置的报表版面(A4 或 A3),点击"使用 A4 通用设置"复选框,激活页边距数据框,即可修改,如图 3-84 所示。

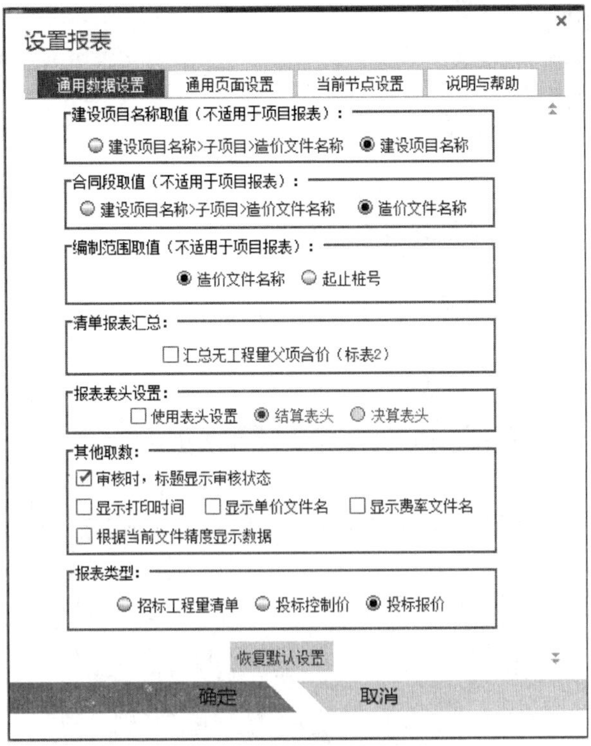

图 3-83 报表通用数据设置界面

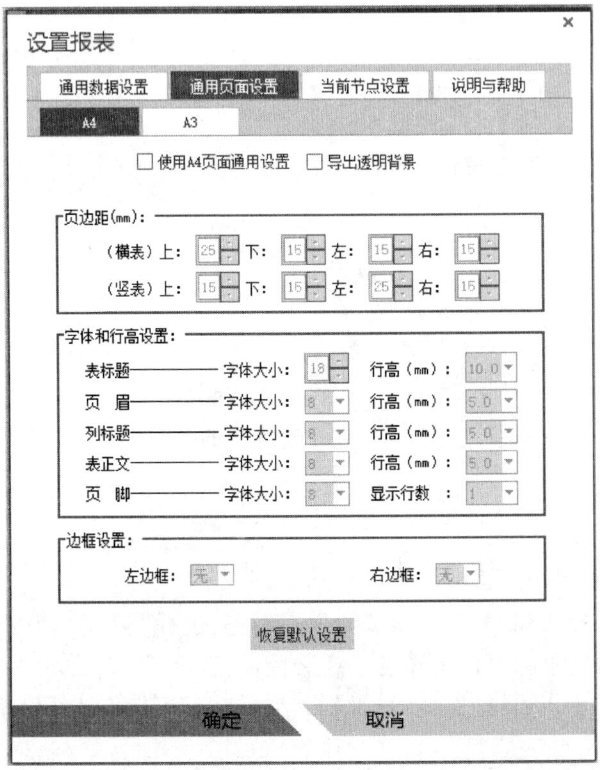

图 3-84 报表通用页面设置

报表字体及行高设置

报表中已默认较常用的字体和行高,如需修改,在激活"使用 A4 通用设置"复选框后,即可修改。

报表左、右边框设置

WECOST 报表基本都默认为无左右边框。如项目要求设置左右边框时,可以在报表设置中分别通过选择左、右边框下拉列表中的值来设定边框。

3.6.3.3 报表小数点设置

进行如下操作:报表通用设置→其他取数→根据当前文件显示精度取数,刷新报表,即可实现报表小数点位数显示跟预算书界面显示一致。

3.6.3.4 自定义报表模板

如图 3-85 所示进行右键操作便可实现自定义报表模块。

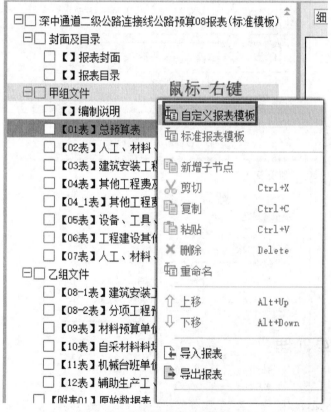

图 3-85 自定义报表模板

(1)快速切换报表模板

当报表树为系统报表树时,则在报表树上点右键,选择"自定义报表模板"后,便可快速新建自定义模板或快速切换到已新建的自定义模板,进行导入导出模板操作。

在自定义报表树上点右键,选择"标准报表模板",即可切换回系统报表模板。

(2)简易修改表号和表标题

在报表树节点处,点右键,选择"自定义报表模板",再选中需改名报表,右击,选择"重命名",修改""中的表号,以及""后的表名称,然后刷新报表即可。

(3)导入导出模板

在自定义的报表树上,可进行导入导出报表模板,如有在同望客服定制的报表模板,需要导入时,可以在报表树界面右键,导入报表模板。

(4)复制、粘贴及删除模板

在自定义的报表模板树上,可以对单个报表模板进行复制粘贴及删除操作,以管理报表模板树。

3.6.3.5 专业地方报表

为了满足不同省份或特殊的报表需求,系统里提供了不同的专业报表格式和部分的地方报表。如总预算表取两位小数、工程量清单表加项目特征、03 建筑安装程费报表表合计取反算等,如图 3-86 所示。

图 3-86 专业地方报表预览

3.7 数据交互处理

当我们编制完一个施工图预算的项目数据时,在出图打印报表之后,如果需要对项目数据进行交互输出、备份存档,或者发送给技术总工或上级领导审核时,可以通过系统的数据输出功能,进行数据的交互处理与使用。

3.7.1 导出模板文件

当我们编制完预算后,需要发给上级审核或他人时,可以直接通过选中需要导出的项目→"文件"或右键→"导出 WECOST 文件"→选择"保存路径"的功能,来进行数据的交互使用,如图 3-87 所示。

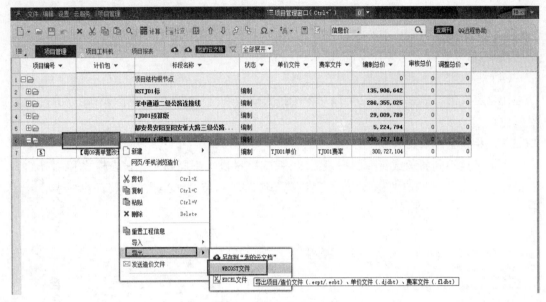

图 3-87 导出 WECOST 文件

3.7.2 导入模板文件

当接收到别人传过来的系统格式文件时，亦可以直接通过"文件"或右键→"导入 WE-COST 文件"→打开"选择要导入的项目"，来导入项目数据，如图 3-88 所示。

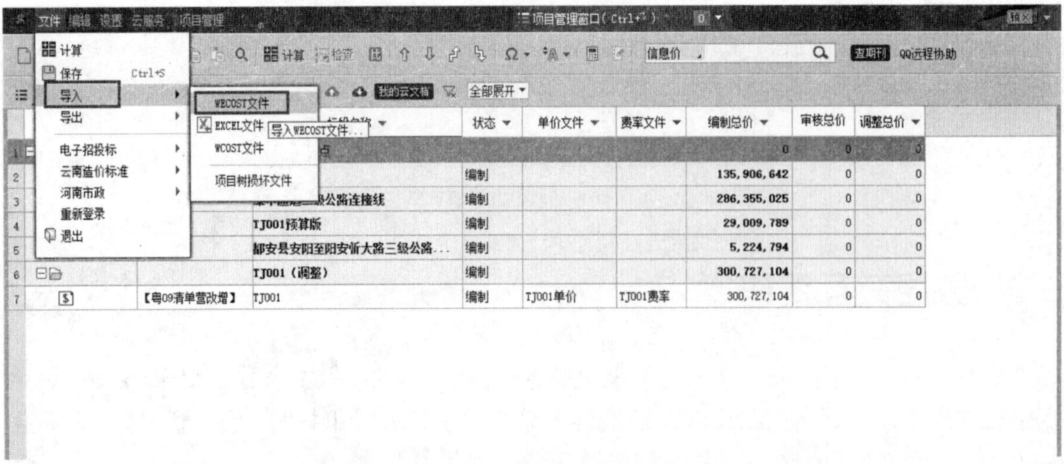

图 3-88 导入 WECOST 文件

3.7.3 上传到云存储

在 9.0 版本里，系统增加了"另存到我的云文档"，可直接将项目数据，另存到天工云里，进行数据的备份与使用，如图 3-89 所示。

图 3-89 另存到我的云文档

3.7.4 生成网页浏览

在 9.0 版本里，系统增加了"网页/手机浏览数据"功能，可直接将项目数据转换成网页的形式，查看报表数据；或通过手机扫二维码，查看数据，如图 3-90 所示。

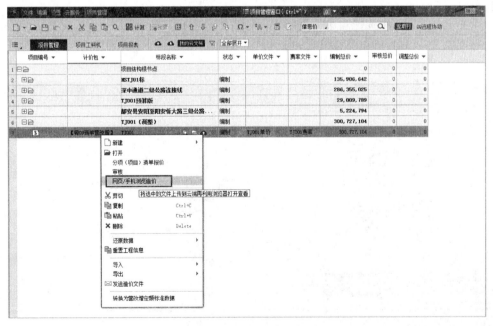

图 3-90

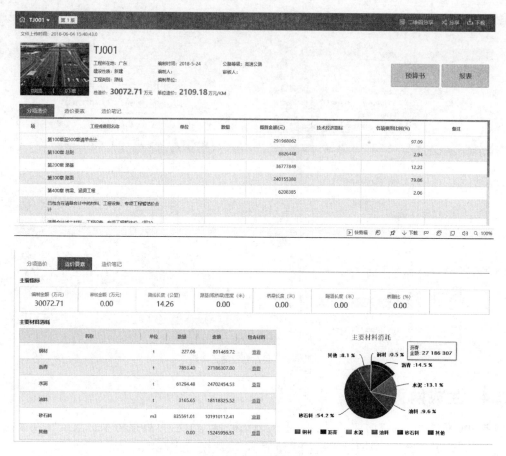

图 3-90 网页浏览数据

转换完成后直接生成网页浏览的形式,并且可以通过二维码分享、分享链接、下载系统格式的方式,进行数据的查看,如图 3-91 和图 3-92 所示。

图 3-91 手机二维码查看数据

图 3-92 手机显示文件详情及主要消耗数据

思考练习

(1) 掌握施工图预算造价文件编制的流程图。
(2) 了解系统主要界面的组成及主要功能操作模块。
(3) 简述概(预)算总费用组成,建筑安装工程费费用组成。
(4) 操作练习新建一个建设项目及造价文件。
(5) 操作练习项目表的划分及添加。
(6) 掌握常用定额的操作及调整、换算步骤。
(7) 理解 3.3.3 和 3.3.4 中各项费用的取费规定及费用计算。
(8) 理解编制办法中对其他工程费、间接费的取费规定与要求。
(9) 了解工料机界面、报表界面的基本操作,及注意事项。
(10) 结合配套实战操作例题,进行施工图预算的编制与操作练习。

第4章 清单招投标编制

4.1 清单编制流程

进行清单编制,一般为施工单位和业主使用,用于公路工程项目招标、清单报价、单价审核、单价变更、标底等。清单报价造价文件的编制过程,如图4-1所示。

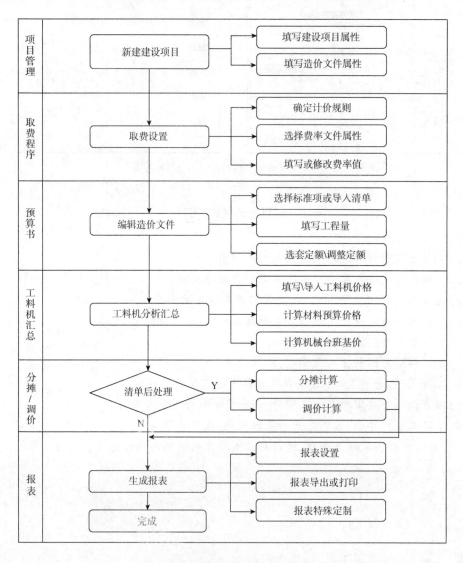

图4-1 造价文件编制流程图

第4章 清单招投标编制

由于清单招投标编制和施工图预算编制的操作流程基本相同，主要不同在于清单编制比预算编制多了分摊与调价的功能，因此在本章里，不再按编制流程进行详细讲解，只是根据清单招投标的特殊功能，进行详细的讲解，其他功能，详情参考第 3 章。

4.2 新建清单造价文件

在清单招标投标阶段，新建项目或造价文件时，应按招标、实施阶段清单的计价报依据，进行清单预算编制。

在预算书界面→右键→"新建"→"造价文件"→"选择计价依据"，如图 4-2 所示。

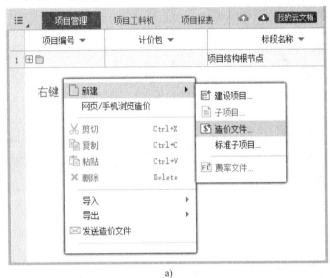

图 4-2 新建及选择造价依据

注：广东的项目，按【09 清单营改增】计价包新建造价文件，"项目模板"默认"广东 2010 工程量清单"。其他省的项目，可按部颁【09 清单营改增】计价包新建造价文件，"项目模板"默认"公路工程 2018 清单模板"。

视频4

扫描视频 4 的二维码,可观看新建造价文件详细操作的视频。

4.3 工程量清单

工程量清单是招标人或招标代理人依据建设工程设计图纸、工程量清单计量规则和技术规范等计算所得的构成工程实体的工程数量表,体现了招标人要求投标人完成工程项目的名称及其相应的工程量明细清单。

招标人应按照交通运输部 2018 年 3 月 1 日施行的《公路工程标准施工招标文件》(2018 年)(以下简称 2018 清单范本)的规定编制工程量清单。

4.3.1 招标阶段

业主在进行招标阶段,新建项目完成以后,在预算书界面,根据设计图纸及预算,通过"标准模板"的功能,进行工程量清单分章节的添加,如图 4-3 所示。

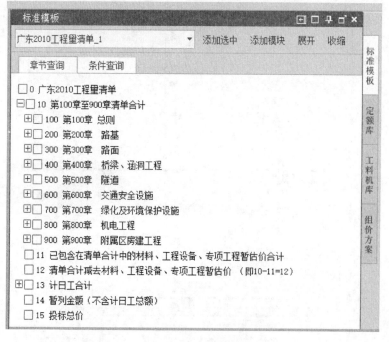

图 4-3 清单标准模板

注:广东省清单模板,分为第 100 章~第 900 章合计,部颁 2018 清单范本分为第 100 章~第 700 章合计。

4.3.2 投标阶段

在进行投标时,投标单位购买招标文件,然后根据招标文件提供的固化工程量清单,进行清单报价。在系统编制时,可以直接通过系统功能,导入工程量清单。

扫描视频 4 的二维码,可观看导入工程量清单详细操作的视频。

导入的工程量清单格式，一般分为分章及合并两种格式。

各章清单分开的格式，如图 4-4 所示。

	A	B	C	D
2		工程量清单		
3		第 400 章 桥 梁		
4	细目号	细目名称	单位	数量
5	402	干处基础挖方		
6	402-1	土方	m3	3986.000
7	402-2	石方	m3	12220.000
8	404-6	干处钻孔灌注桩		
9	404-6-1	灌注桩D100cm	m	8.000
10	404-6-3	灌注桩D180cm	m	96.000
11	407-1	下部构造（包括基础）钢筋		
12	407-1-1	下部I级钢筋	t	9.530
13	407-1-2	下部II级钢筋	t	93.290
14	407-1-3	钢板	t	3.930
15	407-2	上部结构钢筋		
16	407-2-1	上部I级钢筋	t	73.610
17	407-2-2	上部II级钢筋	t	107.160
18	407-2-3	上部钢板	t	15.960
19	408-1	基础混凝土		
20	408-1-1	15号片混凝土基础	m3	2443.000
21	408-1-3	15号混凝土基础	m3	39.660
22	408-1-4	25号混凝土基础桩基	m3	254.600
23	408-2	混凝土下部结构		
24	408-2-1	20号混凝土墩台身	m3	134.000
25	408-2-2	25号混凝土墩柱盖梁	m3	643.000
26	408-2-3	30号混凝土墩台身、帽	m3	265.460
27	408-2-4	40号混凝土垫石	m3	10.920
28	408-2-5	15号片石混凝土下构	m3	122.580

100章 / 200章 / 300章 / 400章 / 500章 / 600章 / 700章

图 4-4 合章清单分开格式

各章清单合并在一起的格式，如图 4-5 所示。

	A	B	C	D	E	F
1	清单编号	名称	单位	数量	单价	合价
2		第100章 总则				
3	101-1	保险费				
4	-a	按合同条款规定；提供建	总额			
5	-b	按合同条款规定；提供第	总额			
6	102-1	竣工文件	总额			
7	102-2	施工环保费	总额			
8	103-1	临时道路修建、养护与拆	总额			
9	104-1	安全生产经费	总额			
10		第200章 路基				
11	204-1	挖除旧路面	m2	14520.000		
12	-a	挖除水泥混凝土路面	m2	14520.000		
13	-b	拆除旧建筑物、构筑物	m3	1128.000		
14	-c	平整场地	m2	23346.000		
15	205-1	填方	m3	7003.800		
16	206-1	排水工程	km	1.903		
17	-a	管道开挖及回填	m3	43071.000		
18	-c	雨水口	座	86.000		

图 4-5 清单合并格式

操作：在预算书界面，右键→"导入"→"导入Execl数据"，如图4-6所示。

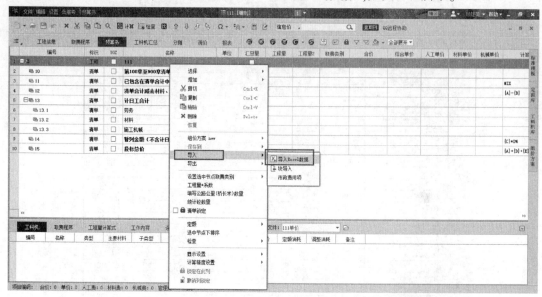

图4-6 导入清单Excel数据

在弹出窗口中，选择工程量清单格式，选择要导入的工程量清单数据，如图4-7所示。

图4-7 选择导入清单数据

点击导入数据,即可完成。系统自动按清单编号、名称、单位、数量,自动生成,如图4-8所示。

图4-8 清单导入后显示

建立清单后,即可以根据设计图纸,逐一对各章节的清单,进行套定额组价。

在清单的费用里,主要分为第100~700章费用(详见部颁2018清单范本)。第100章为总则,主要为保险费、安全生产费、承包人驻地建设费等专项、开办费用。

第200~900章,为路基工程、路面工程、桥梁涵洞工程、隧道工程、安全设施及预埋管线、绿化及环境保护设施、机电工程以及附属区房建工程,主要是实体工程的费用,对应于预算里的第一部分建筑安装工程费。

4.4 第100章总则处理

第100章总则所列项目,通常是开工前就要发生的开办项目费用,如工程保险、担保、监理设施、临时工程、承包人的驻地建设等。

4.4.1 第100章清单

第100章明细清单,如表4-1所示。

第100章明细清单　　　　　　　　表4-1

子目号	子目名称	单位	数量	单价	合价
101	通则				
101—1	保险费				
101—1—a	按合同条款规定,提供建筑工程一切险	总额			
101—1—b	按合同条款规定,提供第三者责任险	总额			

续上表

子目号	子目名称	单位	数量	单价	合价
102	工程管理				
102—1	竣工文件	总额			
102—2	施工环保费	总额			
102—3	安全生产费	总额			
102—4	信息化系统(暂估价)	总额			
103	临时工程与设施				
103—1	临时道路修建、养护与拆除(包括原道路的养护)	总额			
103—2	临时占地	总额			
103—3	临时供电设施架设、维护与拆除	总额			
103—4	电信设施的提供、维修与拆除	总额			
103—5	临时供水与排污设施	总额			
104	承包人驻地建设				
104—1	承包人驻地建设	总额			
105	施工标准化				
105—1	施工驻地	总额			
105—2	工地试验室	总额			
105—3	拌和站	总额			
105—4	钢筋加工场	总额			
105—5	预制场	总额			
105—6	仓储存放地	总额			
105—7	各场(厂)区、作业区连接道路及施工主便道	总额			

4.4.2 清单说明

第100章总则下各细目清单的取费，具体以实际项目的招标文件要求为准，下面各子目的说明，仅供参考，不能作为实际的费用计算标准。

4.4.2.1 第101节通则

(1)101—1—a 按合同条款规定，提供建筑工程一切险

指为本合同工程的永久工程、临时工程和设备及已运至施工工地用于永久工程的材料和设备所投的保险。

保险金额一般为工程量清单第100章(不含建筑程一切险及第三者责任险的保险费)至700章的合计金额为基数，乘以招标文件规定的保险费率计算总额。保险费率在招标文件专用条款数据表中约定。

保险期限为开工日起直至本合同工程签发缺陷责任期终止证书止(即合同工期+缺陷责任期)。

承包人应以发包人和承包人的共同名义投保建筑工程一切险。建筑工程一切队的保险

费由承包人报价时列入工程量清单第100章内。发包人在接到保险单后,将按照保险单的费用直接向承包人支付。如果发包人统一与保险公司办理,则由发包人扣回。

计列费额标准:

①计算基数:第100章(不含建筑工程一切险及第三者责任险的保险费)至第700章的合计金额。

②费率:一般工程保险费费率为0.25%,独立特大桥、隧道保险费率为0.35%~0.4%。

(2)101—1—b 按合同条款规定,提供第三者责任险

指是对因实施本合同工程而造成的财产(本工程除外)的损失和损害或人员(业主和承包人雇员除外)的死亡或伤残所负责任进行的保险。在缺陷责任期终止证书颁发前,承包人应以承包人和发包人的共同名义,投保第三者责任险。

保险费率在招标文件专用合同条款中约定相关的内容。

第三者责任险的保险费由承包人报价时列入工程量清单第100章内。发包人在接到保险单后,将按照保险单的费用直接向承包人支付。如果由发包人统一与保险公司办理,则由发包人扣回。

计列费额标准:

100万元起保,保险费率为0.3%~0.5%。

具体以实际项目的招标文件为准,仅供参考。

4.4.2.2 第102节工程管理

(1)102-1 竣工文件

①计列费项内容。包括保管所有工程资料和记录,将分部工程资料按竣工文件编制要求编订成册并复印提交监理人,将全部工程资料按相关规定编制竣工资料并提交等发生的费用。

②计列费额标准。宜按工程规模大小和规定要求不同计列相应费用,可以100章以外各章清单预算合计额为基数,按表4-2的费率,以分档累进办法计列,但最低宜不低于1万元,最高宜不高于50万元。

102-1 的费章　　　　　　　　　　　　　　　　　　　表 4-2

100章以外各章清单预算合计额(万元)	费率(‰)	算例(万元)	
		清单预算合计额	竣工文件费
1000 及以下	2.0	1000	1000×2.0‰=2.0
1001~5000	1.5	5000	2.0+4000×1.5‰=8.0
5001~20000	1.0	20000	8.0+15000×1.0‰=23.0
20000 以上	0.5	50000	23.0+30000×0.5‰=38.0

(2)102-2 施工环保费

①计列费项内容。包括满足环保要求在施工过程中所采取的施工场地砂石化、控制扬尘、降低噪声、合理排污等预防和消除环境污染的措施费用,防止水土流失和废料废方的不合理处理,防止和减轻水、大气受污染以及使绿色植被、土地资源和现有公用设施得到保护。

②计列费额标准。常规的施工环保费宜按工程规模大小和规定要求不同计列相应费用,土建主体工程(含房建)可按 100 章以外各章清单预算合计额的 1.0%~2.0‰计列,但最低宜不低于 2 万元,最高宜不高于 60 万元,交安、机电、绿化等附属工程可按 0.5 万~2 万元/每标段计列;桥梁施工过程中产生的泥浆,当地有明确的施工过程远运集中处理要求的,宜按所需处理的泥浆数量及当地远运集中处理单价按实另行计算确定,一并纳入施工环保费中。

(3)102-3 安全生产费

安全生产费用是指企业按照规定标准提取在成本中列支,专门用于完善和改进企业或者项目安全生产条件的资金。

安全生产费按照"企业提取、政府监管、确保需要、规范使用"的原则进行管理。

建设工程施工企业以建筑安装工程造价为计提依据。

各建设工程类别安全费用提取标准如下:

①矿山工程为 2.5%;

②房屋建筑工程、水利水电工程、电力工程、铁路工程、城市轨道交通工程为 2.0%;

③市政公用工程、冶炼工程、机电安装工程、化工石油工程、港口与航道工程、公路工程、通信工程为 1.5%。

建设工程施工企业提取的安全费用列入工程造价,在竞标时,不得删减,列入标外管理。国家对基本建设投资概算另有规定的,从其规定。

总包单位应当将安全费用按比例直接支付分包单位并监督使用,分包单位不再重复提取。

根据财企【2012】16 号文规定,公路工程按 1.5%提取。

(4)102—4 工程管理系统(暂估价)或工程管理信息化(暂估价)

①计列费项内容。包括统一配备发包人开发或指定的工程管理系统并安装运行,系统操作人员的培训、劳务和专用计算机配置、维护、备份管理及网络构筑(含设施和租费)等费用,若工程管理系统或工程管理信息化中明确包含远程视频监控系统的,还应包括设置监控中心或监控室,并配置符合标准和数量要求的监控设备和传输网络等费用内容。

②计列费额标准。宜按不同要求以总额价暂估,工程管理系统以不同系统数及其单价按实估列,计算机按配置台数及其单价按实估列,网络构筑费按网络系统设施费和施工期网络租费按实估列,系统操作人员的培训、系统维护等费用宜按上述三项费用暂估总额的 10%~20%暂估,以万元整数额形式暂估。包含远程视频监控系统的,可参照上述方式估列,一并纳入该细目中。

4.4.2.3 第 103 节临时工程与设施

(1)103—1 临时道路修建、养护与拆除(包括原道路的养护费)

①计列费项内容。包括修建临时道路(含硬化)、桥梁、栈桥、码头及相关的安全设施、养护与拆除费,利用现有道路、桥梁、栈桥、码头的修整、加宽、加固及设置必要安全设施、养护、交通维护与使用后维修恢复费,租用道路、桥梁、栈桥、码头的租用费等。

②计列费额标准。需修建、利用或租用临时道路、桥梁、栈桥、码头等临时工程的数量宜按施工图设计数量并结合现场调查的实际数量确定,按临时工程类别和来源方式分别列细目计列。

(2) 103—2 临时占地

①计列费项内容。包括承包人驻地办公、工地试验和生活用地,机械设备及材料停(堆)放场地,拌和及预制场地,仓库及加工场地,弃土场地(业主负责解决的除外),临时道路、桥梁等用地,用地退还前恢复到使用前状况的费用。

②计列费额标准。各项用地数量按工程建设管理实际需要和施工标准化要求分项逐一估列,借地费用标准按当地借地政策标准和借地时间按实确定(应包含用地恢复费),有可利用土地或以租用方式获得既有房屋等设施的,不计该部分借地费用。

(3) 103—3 临时供电设施

①计列费项内容。包括符合国家电力标准并满足工程建设管理需要的临时供配电系统的修建、安装、维修和拆除的费用,根据工程需要配备的发电机组的发电与配电系统的安装、连接、操作、维修及拆除等费用,建立临时供配电系统向供电管理部门缴纳的有关费用。

②计列费额标准。临时供电线路宜按施工图设计数量并结合现场调查的实际数量确定长度,套用预算定额中临时工程 7—1—5 架设输电、电信线路相应定额计列费用(变压器的摊销费用扣除另计);变压器的容量和数量按工程实际需要确定,以摊销或租用形式计列费用;发电机组费用按功率和数量以租赁或摊销形式计列费用;设施维修费用按实际需要估列;向供电管理部门缴纳的有关费用按物价管理部门规定的费用标准计列。

临时供电线路(高压)不大于 2km 时,临时供电设施费用也可按变压器的施工组织设计总容量以 250~300 元/kVA 估列。

(4) 103—4 电信设施的提供、维修与拆除

①计列费项内容。包括电话、传真、网络(若网络费用已明确在其他项目中计列,则不重复计列)等电信设施的修建、连接、安装和维修,电信费用的缴纳,电信设施的拆除。

②计列费额标准。电话、传真等电信设施按实际需要数量和市场价计列,若需架设电信线路则按估列数量套用预算定额中临时工程 7—1—5 架设输电、电信线路相应定额计列费用,电信费用按使用时间和电信资费标准估列。

通常情况下,电信设施的提供、维修与拆除也可按工程规模、工期及相关要求的不同,以 0.2 万~2 万元计列。

(5) 103—5 供水与排污设施

①计列费项内容。包括施工和生活用水设施的提供、安装、保养和拆除,施工和生活污水和废水临时排污系统的安装、维修、管理和拆除,收集和处理所有工作区域的垃圾和污水。

②计列费额标准。能估列出具体的内容和数量的,宜按给水、排污管道分别需安装的内容和数量,给水、排污系统所需的相应设施品种和数量,以及一定额度的日常管理和处理费用进行估列。难以具体估列的,可按承包人驻地建设的 5%~7% 估列。

4.4.2.4 第104节 承包人驻地建设

(1) 计列费项内容。包括承包人办公室、住房及生活区的建立与管理以及现场办公设备的配置,工地试验室的建立与管理,医疗卫生与消防设施的提供与配置,车间与工作场地、仓库、储料场及拌和预制场(仅计列场地填筑、硬化分隔等基础工作费用,台座、龙门吊、拌和设施等直接生产设施在相应工程内容中计列)建设与管理,标化工地所要求的场地外围隔离围墙、作业区分开或隔离设施修筑、作业区、堆放区及场内道路硬化处理以及绿化、美化等配套

建设,驻地设施的维护与完工后的拆迁。

(2)计列费额标准。需修建、租用的数量宜按工程规模和内容并结合现场调查情况确定,按驻地建设内容和建立方式分别计算确定。

4.4.3 费用计算

根据上述的清单说明,可以直接在系统里,对第100章总则的各清单,进行取费计算。

根据不同清单的招标文件说明,系统里一般有三种费用计算的方式,分别为数量单价、基数计算和套定额组价。

系统设定:

{A}:第100章至第700章合计;

{A}-{A1}:第200章至第700章合计;

若是调用了计算基数进行计算的清单项其本身的金额不计入此基数中。代号必须用{ }括起来,通过英文输入法输入才是引用其代号的计算基数。

〈举例〉

"工程一切险按第100章至第700章合计金额的0.3%计算"

列式:{A}*0.3%,此时计算式中的{A}是不包含工程一切险自身金额的(图4-9)。

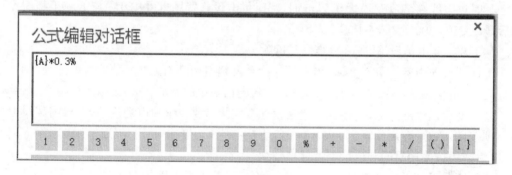

图4-9 基数计算列式

〈举例〉

(1)建筑工程一切险及第三方责任险的保险费率按0.45%计取,建筑工程一切险投保金额为工程量清单第100~700章的合计金额(不含安全生产费、工程一切险、第三方责任险、暂估价的总计);第三方责任险最低投保金额100万元,事故次数不限(不计免赔率)。

(2)安全生产费按投标报价第100~700章合计金额(不含安全生产费、工程一切险、第三方责任险、暂估价总计)的1.5%计列并包含在投标总价中;

(3)信息化系统(暂估价):工程管理系统10套单价12800元,总金额:128000元。

系统操作(图4-10):

先定义:第三方责任险,代号为{DSZ};工程管理系统,代号{TOONE};

(1)第三方责任险:1000000×0.45%=4500元

(2)工程一切险:({A}-{DSZ}-{TOONE})×0.45%

(3)安全生产费:({A}-{DSZ}-{TOONE})×1.5%

第4章 清单招投标编制

编号	标识	YGZ	名称	单位	工程量	合价	综合单价	计算公式	代号
1		工程		HSTJ01标			138693387.33		
2	1	清单		第100章至第700章合计			134653774.11		A
3		清单		清单 第100章 总则			2705577.58		A1
4	101	清单		通则			598287.13		
5	101-1	清单		保险费			598287.13		
6	-a	清单		按合同条款规定，提供建筑工程一切险	总额	1	593787.13	593787.13	({A}-{DSZ}-{TOONE})*0.45%	
7	-b	清单		按合同条款规定，提供第三者责任险	总额	1	4500	4500	1000000*0.45%	dsf
8	102	清单		工程管理	总额	10	2107290.45	210729.04		
9	102-3	清单		安全生产费	总额	1	1979290.45	1979290.45	({A}-{DSZ}-{TOONE})*1.5%	
10	102-4	清单		信息化系统（暂估价）	总额	1	128000	128000	12800*10	toone

图 4-10　举例列式计算

4.5　分摊功能

4.5.1　分摊概述

当投标单位拿到业主或招标代理提供的招标工程量清单时,可能有些清单(比如混凝土搅拌站、弃土场建设费等费用)在施工的过程中会实际发生,但招标文件中的工程量清单,却没有单独列为清单,这时,投标单位在清单报价的编制过程中,为了避免投标时遗漏实际施工过程中发生的大额费用,这时便可以通过分摊的功能,将此部分费用,分摊到相关的清单里去。

系统提供三种分摊方式:按清单金额比重分摊("JE")、按集中拌混凝土用量分摊("SN")和按沥青混合料用量分摊("LQ")。

"分摊"界面分为3个窗口:"分摊方式""分摊源"和"分摊目标",如图4-11所示。

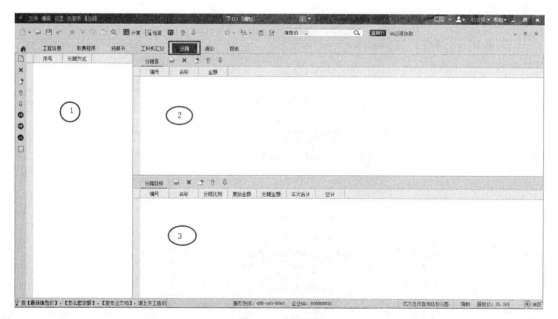

图 4-11　分摊界面

4.5.2 分摊操作

视频5

扫描视频 5 的二维码,可观看分摊操作的视频。

〈举例〉场站建设费分摊

(1)第一步:在预算书建立分摊项,计算分摊金额,如图 4-12 所示。

在预算书界面,新增一分摊项清单,输入数量,进行套定额组价或数量单价方式,计算出该分摊项的金额。

图 4-12 建立分摊项,计算金额

(2)第二步:新增分摊步骤,如图 4-13 所示。

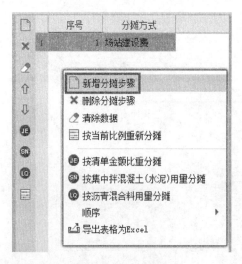

图 4-13 新增分摊步骤

切换到"分摊"界面,在"分摊方式"窗口空白处,点击鼠标右键选择"新增分摊步骤",或者点击左侧工具栏的新增" "图标,新增一个分摊步骤。

(3)第三步:新增分摊源,如图4-14所示。

在右上"分摊源"窗口空白处,点击鼠标右键选择"新增分摊源",在弹出的窗口中,选择"场站建设项"的清单项,打钩,添加选中。

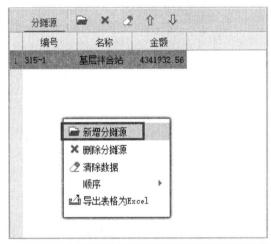

图4-14　新增分摊源并选择打钩

(4)第四步:确定分摊目标。

在"分摊目标"窗口处,点击鼠标右键选择"新增分摊目标",也可直接点击右侧的" "图标新增分摊目标,如图4-15所示。

在弹出的界面选择所需要分摊至的清单项,可以通过Ctrl、Shift键或者鼠标拖选的方式选择,点击"添加选中",如图4-16所示。

图 4-15 新增分摊目标

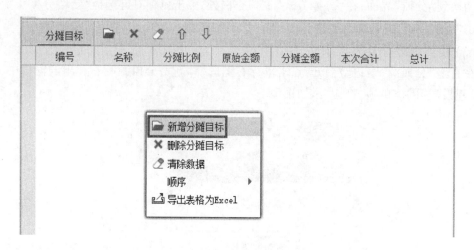

图 4-16 打钩选择分摊清单

(5)第五步:分摊计算。

在左边"分摊方式"窗口选择分摊计算方式"JE""SN"或"LQ"的其中一种[分别代表"按清单金额比重,按集中拌混凝土(水泥)用量和按沥青混合料用量分摊"]进行分摊计算,也可以通过鼠标右键选择任一方式进行分摊计算。系统即自动计算出分摊目标各自所占比例和分摊金额,如图 4-17 所示。

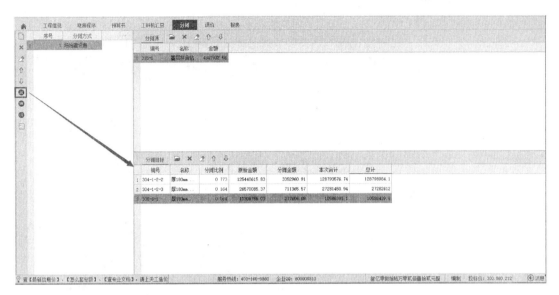

图 4-17 选择分摊方式

如果需要调整分摊比例,则可以直接手动在比例框中输入新的比例值,系统会自动计算新的分摊金额,如图 4-18 所示。

图 4-18 手动分摊比例

点击"分摊方式"窗口左侧的"❌"图标,可以删除选中的分摊步骤。
点击 ⊘ 图标可以清除所有的分摊数据。
说明:分摊后的"分摊源"项不再出现在"标表 2"工程量清单中。

4.6 调价功能

当投标单位编制完报价后,根据投标策略,会适当进行多种方案的调价,以满足企业的不同的投标报价需求。

系统提供"正向调价"和"反向调价"两种调价方式,可反复调价直至所需报价,并同步输出调价后的各种报表。

扫描视频 6 的二维码,可观看调价功能操作的视频。

有些项目是不能调价的,调价会导致结果出错或者违反招投标规定,因此系统将所有"预算书"→"计算公式"列有值的项及其子节点或已勾选为专项暂定的项,默认勾选不调价,并

视频 6

以灰色标识,如图4-19所示。

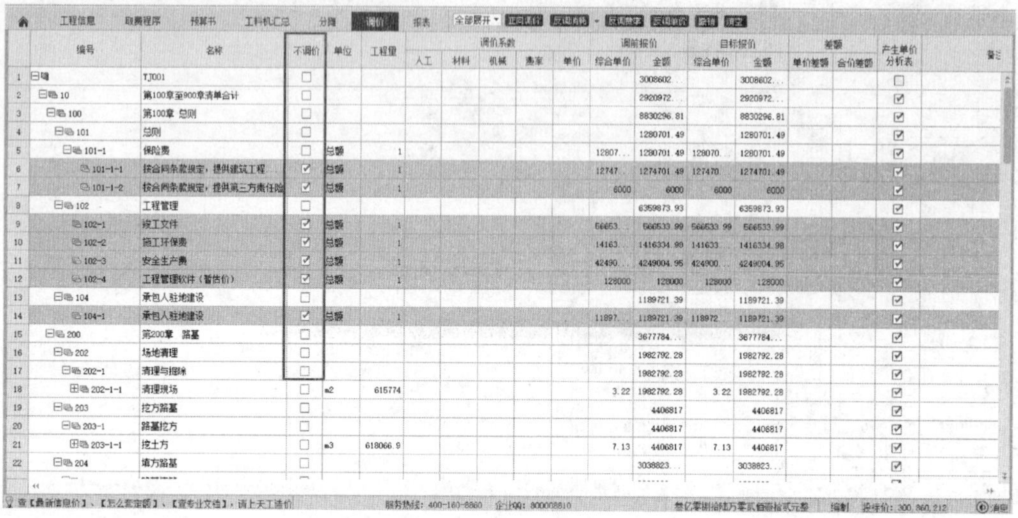

图4-19 默认不调价列

在"调价"界面,如有对某些特殊分部分项清单,不需参与调价的,直接在"不调价"复选框中勾选即可。

4.6.1 正向调价

"正向调价"可按调整工料机消耗量,工料机单价和综合费率三种方式进行操作。具体操作方式如下:

(1)第一步:输入调价系数(图4-20)

直接在父节点处输入工料机消耗、单价或综合费率的调价系数,子节点自动按此系数调整,如调人工、机械的消耗系数。

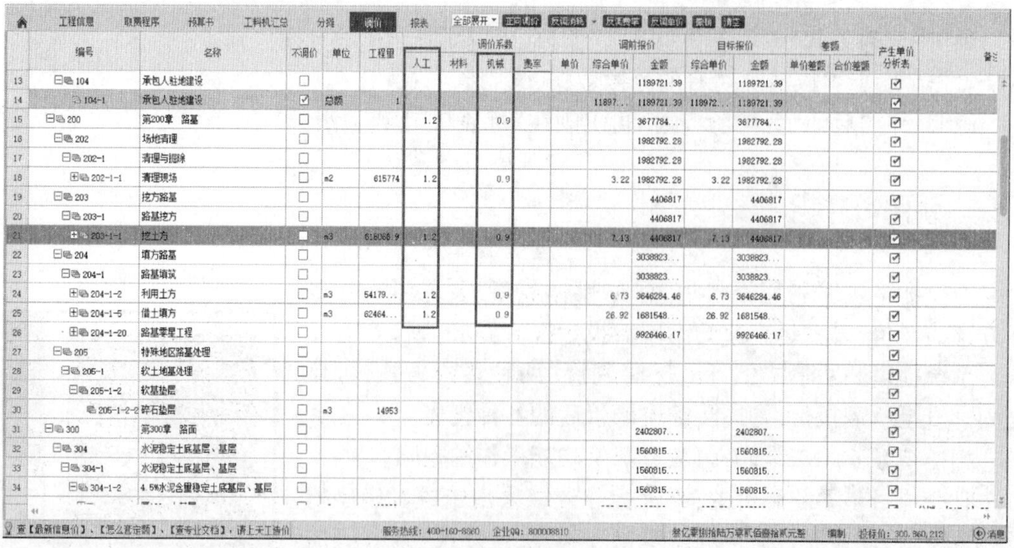

图4-20 输入调价系数

(2)第二步:点击正向调价

点击"正向调价"按钮,则"目标报价"栏的"综合单价"和"金额"按调价系数计算出新的结果,如图4-21所示。

图4-21 正向调价计算

调价后可以在"差额"栏对比显示调整清单项的"单价差额"和"合价差额",便于客户对调价前后的金额进行对比分析。

4.6.2 反向调价

"反向调价"则是用户在"目标报价"处输入目标项目的综合单价或合价控制金额,然后可按:反调消耗、反调费率、反调单价三种方式进行组合操作,最后由系统根据用户输入的综合单价或合价金额进行反算调价系数。

常用的调价方式是采用反向调价,反向调价中常用的是反调消耗,一般不建议采用调整费率和单价的调价方式。如直接输入综合单价,进行反调消耗调价。

(1)第一步:输入目标单价

直接在需要进行调价的清单,输入目标单价,如水泥稳定土底基层,在"目标报价栏"→"综合单价"处输入280元、62元,如图4-22所示。

(2)第二步:点击反调消耗

点击"反调消耗"按钮,则"目标报价"栏的"综合单价"和"金额"按反调消耗的调价系数计算出新的结果,如图4-23所示。

调价后可以在"差额"栏对比显示调整清单项的"单价差额"和"合价差额",便于客户对调价前后的金额进行对比分析。

当反调消耗时,会根据填入的目标单价,进行反算消耗量。若反算消耗量不能达到最终想要的目标单价,这时,可以再结合正向调价,进行微调消耗系数,以达到调价目标。

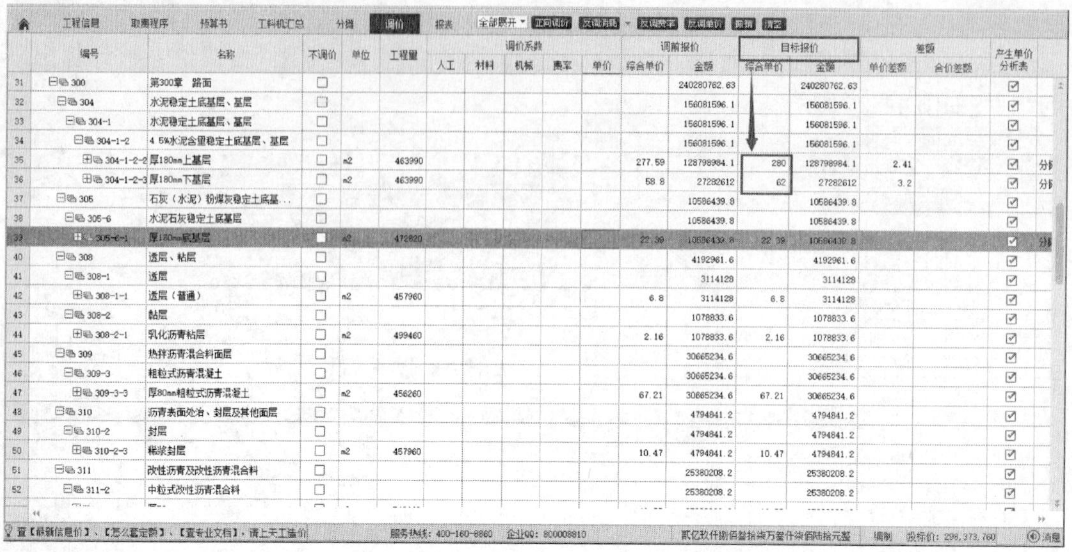

图 4-22 直接输入目标单价

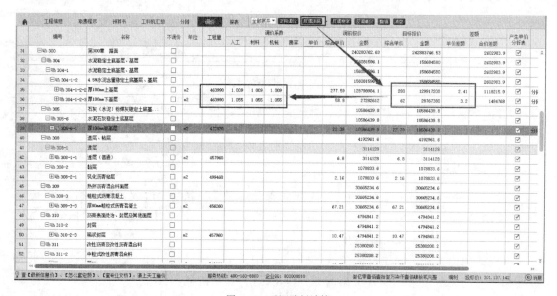

图 4-23 反调消耗计算

4.6.3 撤销清空调价

在进行调价的过程中,如需撤销调价,可直接点击调价工具栏的"撤销"图标,可以撤销选中节点及其下级节点的调价计算。

点击"清空"图标,清空所有调价计算。

4.7 报表输出

招投标阶段,报表输出一般为标表、暂估价表、单价分析表。比如招标时,业主提供的固化工程量清单中的标表1和标表2,如图4-24所示。

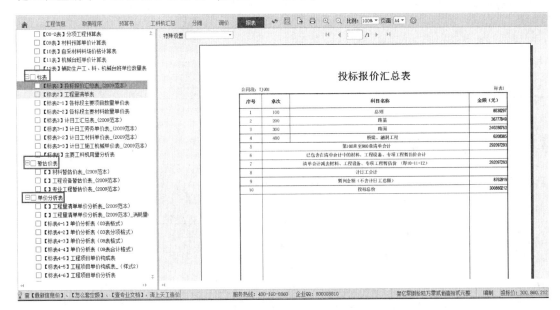

图4-24 清单标表、暂估价表、和单价分析表

如需导出不带单价合价的招标工程量清单,可以操作"报表设置"→"通用数据设置"→"设置报表类型"→"招标工程量清单"(投标控制价、投标报表)。

4.8 某清单案例报表成果

在实际工程投标时,根据招标文件要求,一般情况下需要对应输出下面各相关的报表格式。现提供一清单案例的报表成果,仅供参考学习使用,了解掌握招投标中常用到的这报表格式与内容。

4.8.1 投标报价汇总表(表4-3)

投标报价汇总表　　　　　　　　　　　　　　　表4-3

合同段:TJ001　　　　　　　　　　　　　　　标表1

序号	章次	科目名称	金额(元)
1	100	总则	8830296.81
2	200	路基	36777848.79
3	300	路面	240280762.63
4	400	桥梁、涵洞工程	6208385.22
5	第100章至900章清单合计		292097293.45
6	已包含在清单合计中的材料、工程设备、专项工程暂估价合计		
7	清单合计减去材料、工程设备、专项工程暂估价(即10-11=12)		292097293.45

续上表

序号	章次	科目名称	金额(元)
8		计日工合计	
9		暂列金额(不含计日工总额)	8762918.8
10		投标总价	300860212.25

清单 第1页　　　　　　　　　　　　　　　　　　　　　　　　　　共1页

4.8.2　工程量清单表(表4-4)

工程量清单表　　　　　　　　　　　表4-4

合同段:TJ001　　　　　　　　　　　　　　　　　　　　　　　　标表2

第100章　总则					
子目号	子目名称	单位	数量	单价	合价
101	总则				
101—1	保险费	总额	1	1280701.49	1280701.49
101—1—1	按合同条款规定,提供建筑工程一切险	总额	1	1274701.49	1274701.49
101—1—2	按合同条款规定,提供第三方责任险	总额	1	6000	6000
102	工程管理				
102—1	竣工文件	总额	1	566533.99	566533.99
102—2	施工环保费	总额	1	1416334.98	1416334.98
102—3	安全生产费	总额	1	4249004.95	4249004.95
102—4	工程管理系统(暂估价)	总额	1	128000	128000
104	承包人驻地建设				
104—1	承包人驻地建设	总额	1	1189721.39	1189721.39
第100章　合计　人民币　8830296.81元					

清单 第1页　　　　　　　　　　　　　　　　　　　　　　　　　　共4页

第200章　路基					
子目号	子目名称	单位	数量	单价	合价
202	场地清理				
202—1	清理与掘除				
202—1—1	清理现场	m²	615774	3.22	1982792.28
203	挖方路基				
203—1	路基挖方				
203—1—1	挖土方	m³	618066.9	7.13	4406817

续上表

第 200 章　路基					
子目号	子目名称	单位	数量	单价	合价
204	填方路基				
204—1	路基填筑				
204—1—2	利用土方	m³	541795.61	6.73	3646284.46
204—1—5	借土填方	m³	624646.69	26.92	16815488.89
204—1—20	路基零星工程				9926466.17
205	特殊地区路基处理				
205—1	软土地基处理				
205—1—2	软基垫层				
205—1—2—2	碎石垫层	m³	14953		
第 200 章　合计　人民币　36777848.79 元					

清单　第 2 页　　　　　　　　　　　　　　　　　　　　　　　　　　　共 4 页

第 300 章　路面					
子目号	子目名称	单位	数量	单价	合价
304	水泥稳定土底基层、基层				
304—1	水泥稳定土底基层、基层				
304—1—2	4.5%水泥含量稳定土底基层、基层				
304—1—2—2	厚180mm 上基层	m²	463990	277.59	128798984.1
304—1—2—3	厚180mm 下基层	m²	463990	58.8	27282612
305	石灰(水泥)粉煤灰稳定土底基层、基层				
305—6	水泥石灰稳定土底基层				
305—6—1	厚180mm 底基层	m²	472820	22.39	10586439.8
308	透层、黏层				
308—1	透层				
308—1—1	透层(普通)	m²	457960	6.8	3114128
308—2	黏层				
308—2—1	乳化沥青黏层	m²	499460	2.16	1078833.6
309	热拌沥青混合料面层				
309—3	粗粒式沥青混凝土				
309—3—3	厚80mm 粗粒式沥青混凝土	m²	456260	67.21	30665234.6
310	沥青表面处治、封层及其他面层				
310—2	封层				

续上表

第300章 路面

子目号	子目名称	单位	数量	单价	合价
310—2—3	稀浆封层	m²	457960	10.47	4794841.2
311	改性沥青及改性沥青混合料				
311—2	中粒式改性沥青混合料				
311—2—3	厚50mm	m²	542660	46.77	25380208.2
313	培土路肩、中央分隔带填土、土路肩加固及路缘石				
313—1	培土路肩	m³	17049.6	28.93	493244.93
313—2	中央分隔带回填土	m³	54392	53.89	2931184.88
313—4	混凝土预制块加固土路肩				
313—4—2	C20混凝土预制块加固土路肩	m³	726.8	1383.85	1005782.18
313—6	混凝土路缘石				
313—6—1	预制块混凝土路缘石				
313—6—1—2	C20混凝土	m³	2768.95	1356.46	3755969.92
314	路面及中央分隔带排水				
314—5	防水层				
314—5—1	两布一膜土工膜	m²	19451	20.22	393299.22

第300章 合计 人民币 240280762.63 元

清单 第3页　　　　　　　　　　　　　　　　　　　　　　　　共4页

第400章 桥梁、涵洞工程

子目号	子目名称	单位	数量	单价	合价
422	涵洞及通道涵分部工程				
422—1	涵基开挖	m³	9111	32.51	296198.61
422—3	涵管、涵身混凝土基础				
422—3—3	C25混凝土	m³	2553.42	570.75	1457364.47
422—5	洞身基础钢筋	kg	25560	6.27	160261.2
422—6	涵洞洞口基础				
422—6—1	洞口混凝土基础				
422—6—1—4	C25混凝土	m³	168.87	570.75	96382.55
422—7	涵洞洞口墙身				
422—7—1	洞口混凝土墙身				
422—7—1—4	C25混凝土	m³	162.04	796.16	129009.77
422—8	涵洞洞口、洞内铺砌及截水墙				
422—8—1	混凝土铺砌及截水墙				
422—8—1—3	C20混凝土	m³	38.21	796.15	30420.89

续上表

第400章 桥梁、涵洞工程					
子目号	子目名称	单位	数量	单价	合价
422—10	盖板涵涵身				
422—10—1	混凝土涵身				
422—10—1—4	C25 混凝土	m³	1891.48	937.54	1773338.16
422—11	盖板涵盖板				
422—11—1	现浇混凝土盖板				
422—11—1—1	现浇盖板钢筋	kg	73170	6.1	446337
422—11—1—5	C30 现浇混凝土	m³	497.68	1029.43	512326.72
422—13	台帽、帽石、护栏基座				
422—13—1	台帽、帽石、护栏基座混凝土				
422—13—1—4	C25 混凝土	m³	20.7	896.58	18559.21
422—13—1—5	C30 混凝土	m³	238.63	1142.28	272582.28
422—13—2	台帽、帽石、护栏基座钢筋	kg	9990	6.61	66033.9
422—17	涵洞搭板				
422—17—1	搭板混凝土				
422—17—1—4	C30 混凝土	m³	430.4	691.84	297767.94
422—17—2	搭板钢筋	kg	76880	6.55	503564
422—18	涵顶铺装				
422—18—1	涵顶铺装混凝土				
422—18—1—6	C40 防水混凝土	m³	58.54	774.43	45335.13
422—18—2	涵顶铺装钢筋	kg	12790	6.73	86076.7
422—18—3	防水层	m²	585.48	28.74	16826.7
第400章 合计 人民币 6208385.22 元					

清单 第4页 共4页

4.8.3 计日工表(表4-5)

计日工汇总表　　　　　　　　　　　　　　　表4-5

合同段:TJ001　　　　　　　　　　　　　　　标表3

名　称	金　额	备　注
劳务	0	
材料	0	
施工机械	0	
计日工总计:0(计入"投标报价汇总表")		

注:计日工劳务单价表、计日工材料单价表、计日工施工机械单价表略。

4.8.4 暂估价表(略)

4.8.5 工程量清单单价分析表(略)

4.8.6 原始数据表(预)(表 4-6-1~表 4-6-7)

原始数据表(预) 表 4-6-1

建设项目:TJ001(调整)

编制范围:TJ001　　　　　　　　　　　第 1 页共 7 页　　　附表 01

项目	目	节	细目	名　称	单位	工程量	费率号	备　注
10				第 100 章至 900 章清单合计		0.0		
100				第 100 章总则		0.0		
	101			总则		0.0		
		101—1		保险费	总额	1.0		
			101—1—1	按合同条款规定,提供建筑工程一切险	总额	1.0		{第 200 章到 900 章合计}×0.45%
			101—1—2	按合同条款规定,提供第三方责任险	总额	1.0		2000000×0.3%
	102			工程管理		0.0		
		102—1		竣工文件	总额	1.0		{第 200 章到 900 章合计}×0.2%
		102—2		施工环保费	总额	1.0		{第 200 章到 900 章合计}×0.5%
		102—3		安全生产费	总额	1.0		{第 200 章到 900 章合计}×1.5%
		102—4		工程管理系统(暂估价)	总额	1.0		12800×10
	104			承包人驻地建设		0.0		
		104—1		承包人驻地建设	总额	1.0		{第 200 章到 900 章合计}×0.42%
200				第 200 章　路基		0.0		
	202			场地清理		0.0		
		202—1		清理与掘除		0.0		
			202—1—1	清理现场	m²	615774.0		

续上表

项目	节	细目	名　　称	单位	工程量	费率号	备注
		1—1—1—12	135kW以内推土机清除表土	100m³	6157.74	02	
203			挖方路基		0.0		
	203—1		路基挖方		0.0		
		203—1—1	挖土方	m³	618066.9		
		1—1—9—8	2.0m³以内挖掘机挖装普通土	1000m³天然密实方	476.586	02	
		1—1—11—21	15t以内自卸汽车运土第一个1km	1000m³天然密实方	476.586	03	
		1—1—12—18	165kw以内推土机推普通土第一个20m	1000m³天然密实方	141.481	02	
204			填方路基		0.0		
	204—1		路基填筑		0.0		
		204—1—2	利用土方	m³	541795.61		
		1—1—18—5	高速、一级公路填方路基20t以内振动压路机碾压土方	1000m³压实方	624.647	02	
		204—1—5	借土填方	m³	624646.69		
		895	土	m³	743329.561	00	
		1—1—9—8	2.0m³以内挖掘机挖装普通土	1000m³天然密实方	743.33	02	
		1—1—11—21	15t以内自卸汽车运土第一个1km	1000m³天然密实方	743.33	03	
		1—1—18—5	高速、一级公路填方路基20t以内振动压路机碾压土方	1000m³压实方	624.647	02	
		204—1—20	路基零星工程		0.0		
		1—1—4—2	人工挖土质台阶普通土	1000m²	0.0	01	
		1—1—5—4	填前12~15t光轮压路机压实	1000m²	0.0	02	
		1—1—20—1	机械整修路拱	1000m²	0.0	02	
		1—1—20—3	整修二级及以上等级公路边坡	1km	0.0	01	

编制：　　　　　　　　　　　　　　复核：

原始数据表(预) 表 4-6-2

建设项目:TJ001(调整)

编制范围:TJ001　　　　　　　　　　　第 2 页共 7 页　　　附表 01

项	目	节	细目	名　称	单位	工程量	费率号	备　注
			1—1—21—2	刷坡检底普通土	1000m^3	0.0	01	
			1—1—9—8	2.0m^3 以内挖掘机挖装普通土	1000m^3 天然密实方	743.33	02	
			1—1—11—21	15t 以内自卸汽车运土第一个 1km	1000m^3 天然密实方	743.33	03	
			1—1—18—5	高速、一级公路填方路基 20t 以内振动压路机碾压土方	1000m^3 压实方	624.647	02	
	205			特殊地区路基处理		0.0		
		205—1		软土地基处理		0.0		
			205—1—2	软基垫层		0.0		
			205—1—2—2	碎石垫层	m^3	14953.0		
300				第 300 章　路面		0.0		
	304			水泥稳定土底基层、基层		0.0		
		304—1		水泥稳定土底基层、基层		0.0		
			304—1—2	4.5%水泥含量稳定土底基层、基层		0.0		
			304—1—2—2	厚180mm 上基层	m^2	463990.0		
			2—1—7—5 换	400t/h 以内厂拌水泥碎石稳定土(4.5%)压实厚度18cm	1000m^2	463.99	07	配比[32.5级水泥：碎石]=[4.5：95.5] 厂拌设备：400t/h 以内 +163×3.0
			2—1—7—5 换	配比,设备,厚度	1000m^2	463.99	07	配比[32.5级水泥：碎石]=[4.5：95.5] 厂拌设备：400t/h 以内 +163×3.0
			2—1—7—5 换	厚度,配比,设备	1000m^2	463.99	07	+6×3.0 配比[32.5级水泥：碎石]=[4.5：95.5] 厂拌设备：400t/h 以内

续上表

项	目	节	细目	名　称	单位	工程量	费率号	备　注
			2—1—7—5 换	设备,厚度,配比	1000m²	463.99	07	厂拌设备:400t/h 以内 +163×3.0 配比[32.5级水泥:碎石]=[4.5:95.5]
			2—1—7—5 换	400t/h 以内厂拌水泥碎石稳定土(4.5%)压实厚度18cm	1000m²	463.99	07	配比[32.5级水泥:碎石]=[4.5:95.5] 厂拌设备:400t/h 以内 +163×3.0
			2—1—8—21 换	15t 以内自卸汽车运稳定土 3.5km	1000m³	83.518	03	+22×5.0
			2—1—9—7	7.5m 以内摊铺机铺筑基层混合料	1000m²	463.99	07	
			4—11—1—2	平整场地需碾压	1000m²	12.368	08	
			4—11—5—1	填砂砾(砂)基础垫层	10m³	371.04	08	
			4—11—5—6	混凝土基础垫层	10m³	247.36	08	
			2—1—10—5	稳定土厂拌设备安拆(400t/h 以内)	1座	2.319	07	
			WL	围栏	m	927.6	00	927.6×381.56 元
			304—1—2—3	厚180mm下基层	m²	463990.0		

编制：　　　　　　　　　　　　　　　　复核：

原始数据表(预)　　　　　　　　　　　　　　　　表 4-6-3

建设项目:TJ001(调整)
编制范围:TJ001　　　　　　　　　　　第 3 页共 7 页　　　　附表 01

项	目	节	细目	名　称	单位	工程量	费率号	备　注
			2—1—7—5 换	400t/h 以内厂拌水泥碎石稳定土(4.5%)压实厚度18cm	1000m²	463.99	07	配比[32.5级水泥:碎石]=[4.5:95.5] 厂拌设备:400t/h 以内 +163×3.0
			2—1—8—21 换	15t 以内自卸汽车运稳定土 3.5km	1000m³	83.518	03	+22×5.0
			2—1—9—7	7.5m 以内摊铺机铺筑基层混合料	1000m²	463.99	07	
			4—11—1—2	平整场地需碾压	1000m²	2.624	08	

续上表

项目	节	细目	名　　称	单位	工程量	费率号	备　　注
		4—11—5—1	填砂砾（砂）基础垫层	10m³	78.72	08	
		4—11—5—6	混凝土基础垫层	10m³	52.48	08	
		2—1—10—5换	稳定土厂拌设备安拆(400t/h以内)	1座	0.492	07	增：[B77]某补充材料 [B77]某补充材料量23.0 删：[B77]某补充材料
		WL	围栏	m	196.8	00	196.8×381.56元
305			石灰(水泥)粉煤灰稳定土底基层、基层		0.0		
	305—6		水泥石灰稳定土底基层		0.0		
		305—6—1	厚180mm底基层	m²	472820.0		
		2—1—7—51换	400t/h以内厂拌水泥石灰砂砾土(3：8：89)压实厚度18cm	1000m²	472.82	07	配比[32.5级水泥：生石灰：砂砾土]=[3.0：8.0：89.0] 厂拌设备：400t/h以内 +186×3.0 [916]换[895]
		2—1—6—21换	稳定土拌和机拌和水泥石灰土(3：8：89)压实厚度18cm	1000m²	0.0	07	+22×3.0 配比[32.5级水泥：生石灰：土]=[3.0：8.0：89.0]
		2—1—2—7	拖拉机带铧犁拌和水泥碎石(5%)压实厚度15cm	1000m²	0.0	07	
		2—1—7—5	厂拌水泥碎石稳定土（5%）压实厚度15cm	1000m²	0.0	07	
		2—1—8—21换	15t以内自卸汽车运稳定土3.5km	1000m³	85.108	03	+22×5.0
		2—1—9—8	7.5m以内摊铺机铺筑底基层混合料	1000m²	472.82	07	
		4—11—1—2	平整场地需碾压	1000m²	1.024	08	
		4—11—5—1	填砂砾（砂）基础垫层	10m³	30.72	08	

续上表

项目	节	细目	名称	单位	工程量	费率号	备注
		4—11—5—6	混凝土基础垫层	10m³	20.48	08	
		2—1—10—5	稳定土厂拌设备安拆(400t/h以内)	1座	0.192	07	
		WL	围栏	m	76.8	00	76.8×381.56元
	308		透层、黏层		0.0		
		308—1	透层		0.0		
		308—1—1	透层(普通)	m²	457960.0		
		2—2—16—4换	乳化沥青半刚性基层透层	1000m²	457.96	07	[853]量1.39
		308—2	黏层		0.0		
		308—2—1	乳化沥青黏层	m²	499460.0		
		2—2—16—6	乳化沥青沥青层黏层	1000m²	499.46	07	
	309		热拌沥青混合料面层		0.0		
		309—3	粗粒式沥青混凝土		0.0		

编制: 复核:

原始数据表(预) 表 4-6-4

建设项目:TJ001(调整)
编制范围:TJ001 第4页共7页 附表01

项目	节	细目	名称	单位	工程量	费率号	备注
		309—3—3	厚80mm粗粒式沥青混凝土	m²	456260.0		
		2—2—11—6	粗粒式沥青混凝土拌和(320t/h以内)	1000m³ 路面实体	36.501	06	
		2—2—13—21换	15t以内自卸汽车运沥青混合料3.5km	1000m³ 路面实体	36.501	03	+22×5.0
		2—2—14—50	机械摊铺粗粒式沥青混凝土混合料(320t/h以内)	1000m³ 路面实体	36.501	06	
	310		沥青表面处治、封层及其他面层		0.0		
		310—2	封层		0.0		
		310—2—3	稀浆封层	m²	457960.0		

续上表

项目	节	细目	名称	单位	工程量	费率号	备注
		2—2—16—14换	乳化沥青稀浆封层 ES-2型	1000m²	457.96	07	增：[853a]改性乳化沥青 [853a]改性乳化沥青量1.48 [853]量0.0
	311		改性沥青及改性沥青混合料		0.0		
		311—2	中粒式改性沥青混合料		0.0		
		311—2—3	厚50mm	m²	542660.0		
		2—2—11—12换	中粒式沥青混凝土拌和(320t/h以内)	1000m³ 路面实体	27.133	06	[851]换[852]
		2—2—13—21换	15t以内自卸汽车运沥青混合料3.5km	1000m³ 路面实体	27.133	03	+22×5.0
		2—2—14—51	机械摊铺中粒式沥青混凝土混合料(320t/h以内)	1000m³ 路面实体	27.133	06	
	313		培土路肩、中央分隔带填土、土路肩加固及路缘石		0.0		
		313—1	培土路肩	m³	17049.6		
		2—3—3—5换	培路肩厚度67cm	1000m²	25.447	07	+6×47.0
		313—2	中央分隔带回填土	m³	54392.0		
		6—1—5—3	中间带填土	10m³	5439.2	01	
		313—4	混凝土预制块加固土路肩		0.0		
		313—4—2	C20混凝土预制块加固土路肩	m³	726.8		
		2—3—6—2换	预制、铺砌混凝土预制块加固土路肩	10m³	72.68	07	普C25-32.5-4换普C20-32.5-4
		4—8—3—9换	8t以内载货汽车运输汽车式起重机装卸3.5km	100m³ 实体	7.268	03	+13×5.0
		4—6—13—12换	人行道铺装水泥砂浆	10m³ 实体	21.658	08	m²O换M10
		313—6	混凝土路缘石		0.0		
		313—6—1	预制块混凝土路缘石		0.0		

续上表

项	目	节	细目	名　　称	单位	工程量	费率号	备　注
			313—6—1—2	C20 混凝土	m³	2768.95		
			4—8—3—9 换	8t 以内载货汽车运输汽车式起重机装卸 3.5km	100m³ 实体	27.69	03	+13×5.0
			2—3—4—4	混凝土预制块预制、安砌路缘石	10m³	276.895	07	
			2—3—4—5 换	现浇混凝土路缘石	10m³	123.772	07	普 C25-32.5-4 换普 C15-32.5-2
	314			路面及中央分隔带排水		0.0		
		314—5		防水层		0.0		
			314—5—1	两布一膜土工膜	m²	19451.0		
			1—3—9—1 换	土工布处理软土路基	1000m² 处理面积	19.451	07	增：[770A] 两布一膜土工膜 [770A] 两布一膜土工膜量 1081.8 [770] 量 0.0
400				第 400 章　桥梁、涵洞工程		0.0		

编制：　　　　　　　　　　　　复核：

原始数据表(预)　　　　　　　　　　　　　　　　　　　　　　表 4-6-5

建设项目：TJ001（调整）
编制范围：TJ001　　　　　　　　　　　　　　　第 5 页共 7 页　　　附表 01

项	目	节	细目	名　　称	单位	工程量	费率号	备　注
	422			涵洞及通道涵分部工程		0.0		
		422—1		涵基开挖	m³	9111.0		
			4—1—3—4	单个基坑≤1500m³，2.0m³ 以内挖掘机挖土	1000m³	9.111	08	
		422—3		涵管、涵身混凝土基础		0.0		
			422—3—3	C25 混凝土	m³	2553.42		
			4—6—1—3 换	实体墩台混凝土基础配梁板式上部构造	10m³ 实体	255.342	08	片 C15-32.5-8 换普 C25-32.5-4
			4—11—11—12	混凝土搅拌站拌和（60m³/h 以内）	100m³	26.045	08	

续上表

项目	节	细目	名　　称	单位	工程量	费率号	备注
		4—11—11—20 换	6m³ 搅拌运输车运混凝土 3km	100m³	26.045	03	+21×4.0
	422—5		洞身基础钢筋	kg	25560.0		
		4—6—1—12 换	基础、支撑梁钢筋	1t	4.51	13	钢筋抽换：[111]量 1.03 删：[112]
		4—6—1—12 换	基础、支撑梁钢筋	1t	21.05	13	钢筋抽换：删：[111][112]量 1.03
	422—6		涵洞洞口基础		0.0		
		422—6—1	洞口混凝土基础		0.0		
		422—6—1—4	C25 混凝土	m³	168.87		
		4—6—1—3 换	实体墩台混凝土基础配梁板式上部构造	10m³ 实体	16.887	08	片 C15-32.5-8 换普 C25-32.5-4
		4—11—11—12	混凝土搅拌站拌和（60m³/h 以内）	100m³	1.722	08	
		4—11—11—20 换	6m³ 搅拌运输车运混凝土 3km	100m³	1.722	03	+21×4.0
	422—7		涵洞洞口墙身		0.0		
		422—7—1	洞口混凝土墙身		0.0		
		422—7—1—4	C25 混凝土	m³	162.04		
		4—6—2—4 换	实体式梁板桥墩台混凝土高 10m 以内	10m³ 实体	16.204	08	片 C15-32.5-8 换普 C25-32.5-4
		4—11—11—12	混凝土搅拌站拌和（60m³/h 以内）	100m³	1.653	08	
		4—11—11—20 换	6m³ 搅拌运输车运混凝土 3km	100m³	1.653	03	+21×4.0
	422—8		涵洞洞口、洞内铺砌及截水墙		0.0		
		422—8—1	混凝土铺砌及截水墙		0.0		
		422—8—1—3	C20 混凝土	m³	38.21		
		4—6—2—4 换	实体式梁板桥墩台混凝土高 10m 以内	10m³ 实体	3.821	08	片 C15-32.5-8 换普 C25-32.5-4
		4—11—11—12	混凝土搅拌站拌和（60m³/h 以内）	100m³	0.39	08	

续上表

项	目	节	细目	名 称	单位	工程量	费率号	备 注
			4—11—11—20 换	6m³ 搅拌运输车运混凝土 3km	100m³	0.39	03	+21×4.0
		422—10		盖板涵涵身		0.0		
			422—10—1	混凝土涵身		0.0		
			422—10—1—4	C25 混凝土	m³	1891.48		
			4—6—2—4 换	实体式梁板桥墩台混凝土高 10m 以内	10m³ 实体	189.148	08	片 C15-32.5-8 换普 C25-32.5-4
			4—11—7—13	沥青麻絮伸缩缝	1m²	1180.88	08	
			4—11—11—12	混凝土搅拌站拌和（60m³/h 以内）	100m³	19.293	08	
			4—11—11—20 换	6m³ 搅拌运输车运混凝土 3km	100m³	19.293	03	+21×4.0
		422—11		盖板涵盖板		0.0		
			422—11—1	现浇混凝土盖板		0.0		
			422—11—1—1	现浇盖板钢筋	kg	73170.0		

编制： 复核：

原始数据表（预） 表 4-6-6

建设项目：TJ001（调整）
编制范围：TJ001　　　　　　　　　　第 6 页共 7 页　　　　附表 01

项	目	节	细目	名 称	单位	工程量	费率号	备 注
			4—6—8—4 换	现浇矩形板上部构造钢筋	t 钢筋	73.17	13	钢筋抽换：删：[111][112]量 1.03
			422—11—1—5	C30 现浇混凝土	m³	497.68		
			4—6—8—1	现浇矩形板上部构造混凝土	10m³ 实体	49.768	08	
			4—9—1—3	板涵支架	100m² 水平投影面积	11.585	08	
			4—9—6—1	支架预压	10m³ 混凝土实体	49.768	08	
			4—11—11—12	混凝土搅拌站拌和（60m³/h 以内）	100m³	5.076	08	
			4—11—11—20 换	6m³ 搅拌运输车运混凝土 3km	100m³	5.076	03	+21×4.0
		422—13		台帽、帽石、护栏基座		0.0		

续上表

项	目	节	细目	名 称	单位	工程量	费率号	备 注
			422—13—1	台帽、帽石、护栏基座混凝土		0.0		
			422—13—1—4	C25混凝土	m³	20.7		
			6—1—2—3	现浇钢筋混凝土墙式护栏墙体混凝土	10m³实体	1.67	08	
			4—6—3—1换	墩、台帽混凝土非泵送木模	10m³实体	0.4	08	普C30-32.5-4换普C20-32.5-4
			4—11—11—1	混凝土搅拌机拌和（250L以内）	10m³	-2.111	08	
			4—11—11—12	混凝土搅拌站拌和（60m³/h以内）	100m³	0.211	08	
			4—11—11—20换	6m³搅拌运输车运混凝土3km	100m³	0.211	03	+21×4.0
			422—13—1—5	C30混凝土	m³	238.63		
			4—6—3—1	墩、台帽混凝土非泵送木模	10m³实体	23.863	08	
			4—6—13—13	人行道铺装沥青砂	10m³实体	0.254	08	
			4—11—4—4换	沥青油毡防水层	10m²	30.029	08	增:[825A]中压石棉板 [825]量0.0 [825A]中压石棉板量22.0
			4—11—11—12	混凝土搅拌站拌和（60m³/h以内）	100m³	2.434	08	
			4—11—11—20换	6m³搅拌运输车运混凝土3km	100m³	2.434	03	+21×4.0
			422—13—2	台帽、帽石、护栏基座钢筋	kg	9990.0		
			4—6—3—9换	桥(涵)台帽钢筋	t	6.97	13	钢筋抽换:[111]量1.03删:[112]
			4—6—3—9换	桥(涵)台帽钢筋	t	1.79	13	钢筋抽换:删:[111][112]量1.03
			6—1—2—4	现浇钢筋混凝土墙式护栏墙体钢筋	t	0.42	13	
			6—1—2—4换	现浇钢筋混凝土墙式护栏墙体钢筋	t	0.81	13	钢筋抽换:[111]换[112]

续上表

项	目	节	细目	名　称	单位	工程量	费率号	备　注
		422—17		涵洞搭板		0.0		
			422—17—1	搭板混凝土		0.0		
			422—17—1—4	C30 混凝土	m³	430.4		
			4—6—14—1	现浇搭板混凝土	10m³ 实体	43.04	08	
			4—11—11—12	混凝土搅拌站拌和（60m³/h 以内）	100m³	4.39	08	
			4—11—11—20 换	6m³ 搅拌运输车运混凝土 3km	100m³	4.39	03	+21×4.0
			422—17—2	搭板钢筋	kg	76880.0		
			4—6—14—3	现浇桥头搭板钢筋	1t 钢筋	76.88	13	
		422—18		涵顶铺装		0.0		
			422—18—1	涵顶铺装混凝土		0.0		
			422—18—1—6	C40 防水混凝土	m³	58.54		

编制：　　　　　　　　　　　　　　复核：

原始数据表（预）　　　　　　　　　　　　　表 4-6-7

建设项目：TJ001（调整）

编制范围：TJ001　　　　　　　　　　第 7 页共 7 页　　　附表 01

项	目	节	细目	名　称	单位	工程量	费率号	备　注
			4—6—13—5 换	行车道铺装防水混凝土面层非泵送	10m³ 实体	5.854	08	防 C30-32.5-4 换防 C40-42.5-4
			4—11—11—12	混凝土搅拌站拌和（60m³/h 以内）	100m³	0.597	08	
			4—11—11—20 换	6m³ 搅拌运输车运混凝土 3km	100m³	0.597	03	+21×4.0
			422—18—2	涵顶铺装钢筋	kg	12790.0		
			4—6—13—10 换	行车道铺装水泥及防水混凝土钢筋直径 8mm 以上	t	12.79	13	钢筋抽换：删：[111][112]量 1.03
			422—18—3	防水层	m²	585.48		
			4—11—4—5	涂沥青防水层	10m²	58.548	08	
11				已包含在清单合计中的材料、工程设备、专项工程暂估价合计		0.0		

续上表

项	目	节	细目	名 称	单位	工程量	费率号	备 注
12				清单合计减去材料、工程设备、专项工程暂估价(即10-11=12)		0.0		
13				计日工合计		0.0		
13.1				劳务		0.0		
13.2				材料		0.0		
13.3				施工机械		0.0		
14				暂列金额(不含计日工总额)		0.0		
15				投标总价		0.0		

编制： 复核：

思 考 练 习

（1）了解清单编制流程及基本内容。
（2）简述清单招标与投标的不同操作。
（3）理解清单第100章处理的操作方法。
（4）掌握系统分摊与调价的内容与操作。
（5）结合配套实战操作例题,掌握清单预算投标实例的编制。

第 5 章 高级操作技巧

5.1 项目管理

5.1.1 项目导航

"项目导航"功能,独立分享出项目及造价文件的目录结构树,类似 Word 中的"文档结构图",简单明了,操作方便。

通过"项目导航树"功能,能够更加方便地灵活切换各造价文件界面和项目管理界面,同时实现了在不关闭造价文件的情况下,也可以灵活地在项目管理、预算书等界面之间进行快速选择、切换,如图 5-1 所示。

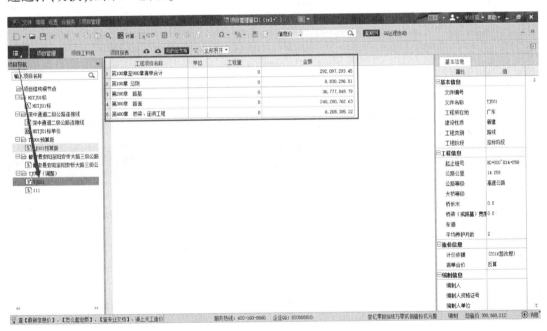

图 5-1 项目导航树

选择"造价文件"节点,则显示其建安费中各部分费用信息,或清单中各章节的费用信息。不用打开造价文件,就可查看其相关的信息。

5.1.2 多项目打开

系统里支持同时打开多个造价文件、单价文件、费率文件等,用户能够快速在多个打开的文件中切换编辑,并且能够同屏显示多个项目数据,进行造价的对比、分析,更有利于数据的交换与应用。

打开一个造价文件→切换回项目管理界面→再打开另一造价文件,如图 5-2 所示。

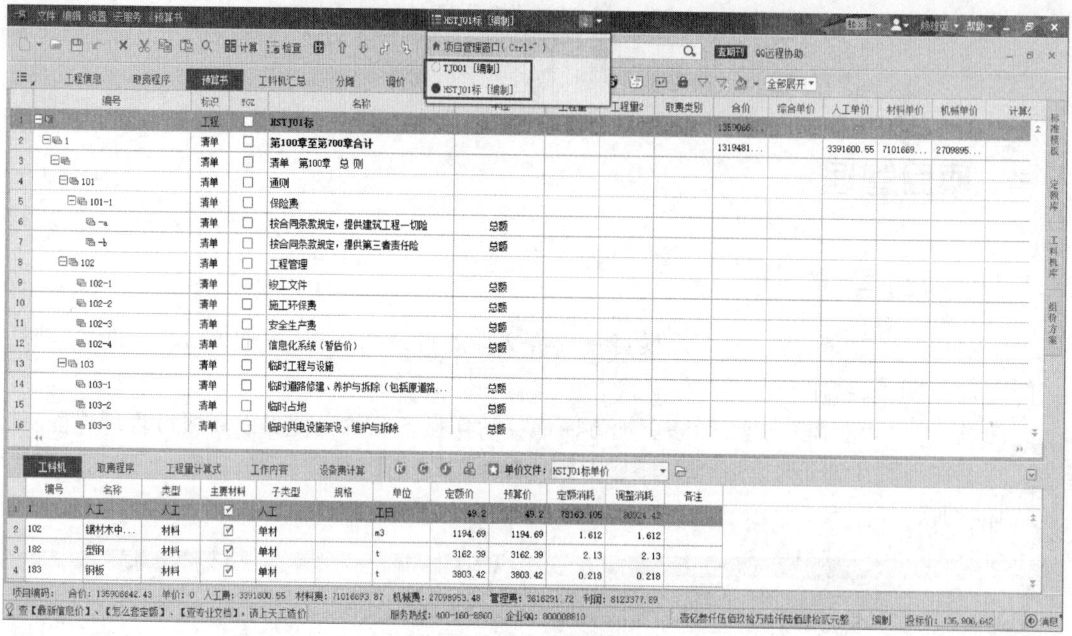

图 5-2 切换不同造价文件

同屏显示多个项目"设置"→"纵向排列窗口/横向排列窗口",如图 5-3 所示。

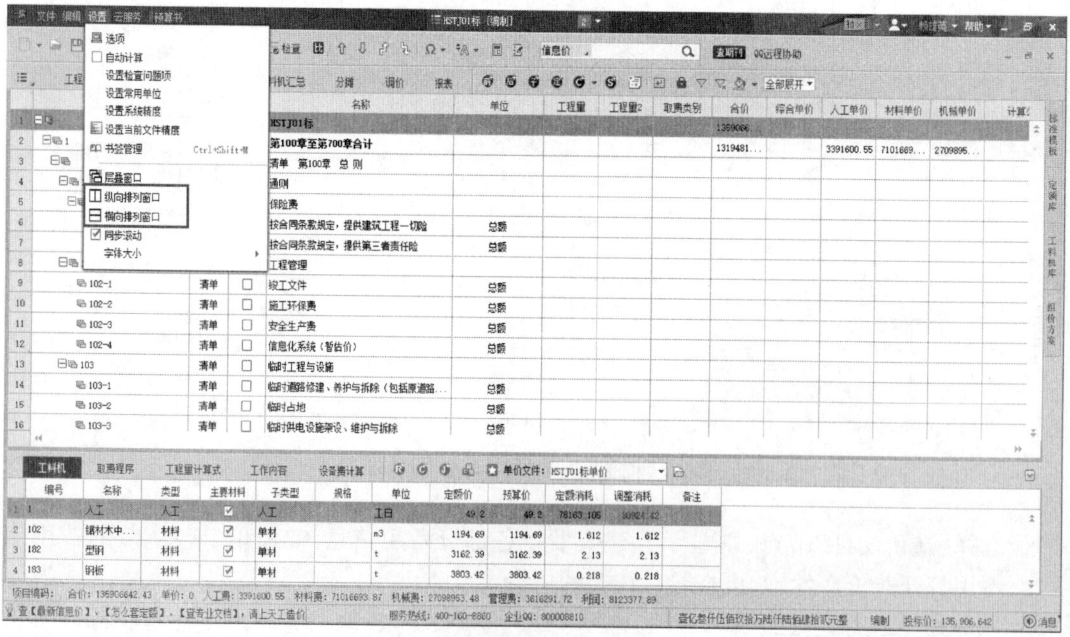

图 5-3 纵向/横向排列窗口

纵向或横向排列窗口后,即可对两个造价文件的数据进行对比、分析等操作,如图 5-4 所示。

图 5-4 两窗口造价数据对比

5.2 预算书管理

5.2.1 预算书导航

"预算书导航"功能,通过在"导航"栏中独立分离出项目节层次目录树,增强了操作和查看的便捷性、简洁性,特别是项目级次多、清单章节细目多的大项目时,通过导航功能,更能高效地找到所需要查找的项目节或清单子目,如图 5-5 所示。

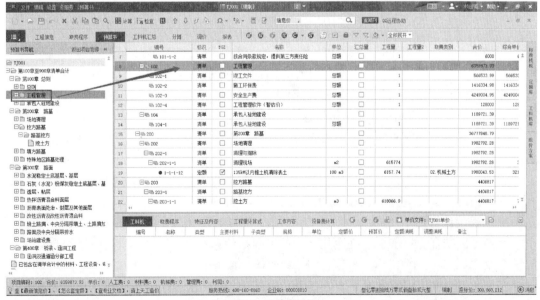

图 5-5 预算书导航

(1) 单击定位

展开预算书导航栏,单击导航栏上的任意节点,可立即定位至"预算书"界面的相应节点上,查看更方便。

(2) 双击过滤

在"预算书导航"上双击某目录节点,则右侧"预算书"窗口会立即过滤出该节点下的相关内容,把其他不关注的项目暂时屏蔽,用户可集中精力查看或编辑重点关注的项目,有效缩短了预算书的长度及数据量,简明高效,如图5-6所示。

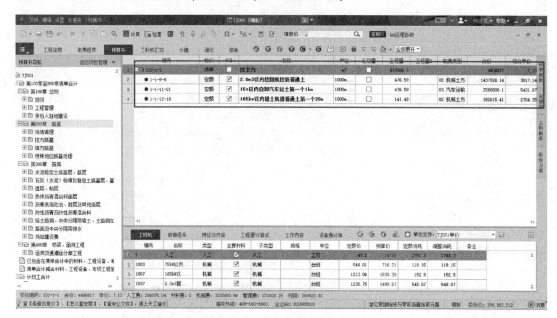

图 5-6　预算书导航双击过滤

5.2.2　快捷填写工程数量

在编制工程造价文件的时候,往往图纸上的量并不是直接就能够在套用的定额中填写的,一般都是要经过一些核算、汇总的计算。因此,一个造价文件的编制人员往往离不开一个计算器,复杂一点的甚至要用到 Execl,而这样的做法,最大的麻烦不是在编制过程中,而是在复核与审查的过程中,又必须得把这个过程再重复一遍。

系统则提供了一些非常便捷实用的功能,在一定程度上解决了这个重复核算的过程。

1) gcl 公式

在项目节或清单子目下,套用了定额后,定额的工程量一般自动填写项目工程数量,亦可以在定额的工程量中直接输入 gcl 的方法,提取项目工程数量。

2) 工程量计算式

我们可以结合 gcl 的功能,在套用定额的工程量计算式里,填写计算公式,系统自动进行计算。

当某条清单的工程数量跟下面的各个套用定额之间的工程量都建立起了计算公式的关系,当下面需要同样的清单时,即可以直接改动清单的工程数量,下面所套用的定额的工程量,亦跟着改变,如图 5-7 所示。

图 5-7 工程量计算式

3) 工程量计算式报表

系统提供输出工程量计算式报表功能,方便核查工程量计算数据,有效减少工程量的错算、漏算、重算。该报表输出内容为第一部分下所有分部分项及定额的工程量及工程量计算式,如图 5-8 所示。

图 5-8 工程量计算表

5.2.3 统计混凝土数量

在预算书界面选中需要统计的分项,右键选择"统计混凝土数量",弹出"统计混凝土数量"小窗口,在小窗口中可以查看混凝土的相关统计信息,选中混凝土拌和运输定额,点"填写工程量",系统自动将统计好的混凝土需计拌和量填写到定额工程量中,如图 5-9 所示。

弹出统计混凝土数量的小窗口,如图 5-10 所示。

选择拌和、运输定额,点填写拌和量即可,如图 5-11 所示。

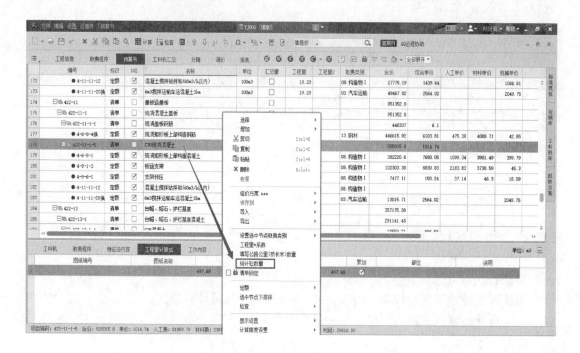

图 5-9 右键→"统计混凝土数量"

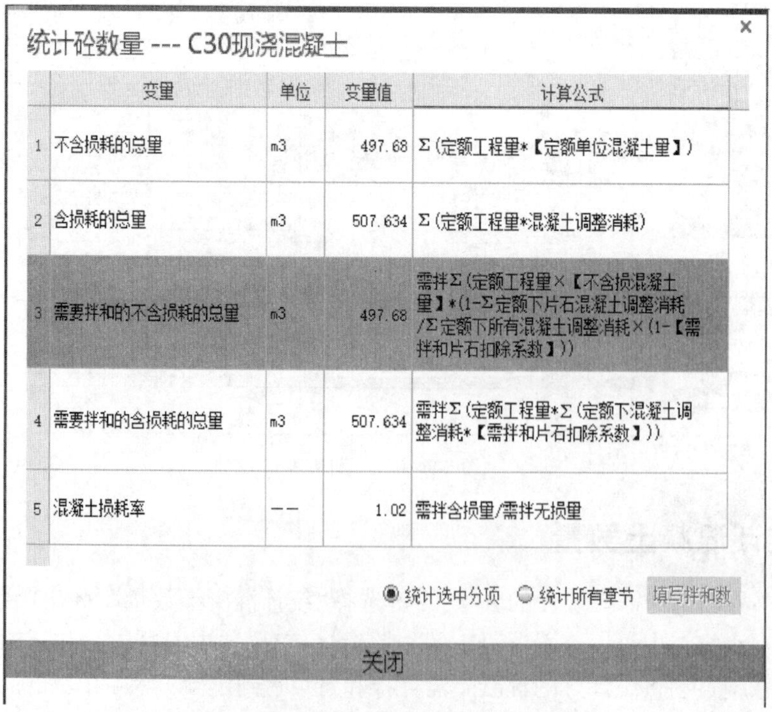

图 5-10 统计混凝土消耗量

图 5-11 填写统计混凝土数量

5.2.4 补充定额应用

公路工程定额是公路工程施工定额、预算定额、概算定额、估算指标、补充定额等的总称,在本手册中,我们把公路工程定额简称为定额。

补充定额是指在交通部分颁布的定额、指标中还没有的,但在编制预算、概算、估算及标书时需要用到的定额、指标。系统提供了部颁的补充定额库、各省的补充定额、养护定额、四新技术定额等,可以通过定额库进行切换,调用补充定额;亦可以根据需求,建议完备的补充定额、指标系统,并保存到定额库里,作为我的补充定额,随时调用。

5.2.4.1 调用补充定额库

在预算书界面,打开定额库,根据编制需要,直接切换到要调用的补充定额库,如部颁补充定额库、各省补充定额库、四新技术定额、养护定额等,如图 5-12 所示。

图 5-12 调用补充定额库

5.2.4.2 新增补充定额

新增补充定额,可以通过打开"云服务"→"我的定额工料机库",进行统一的补充定额新增,如图 5-13 所示。

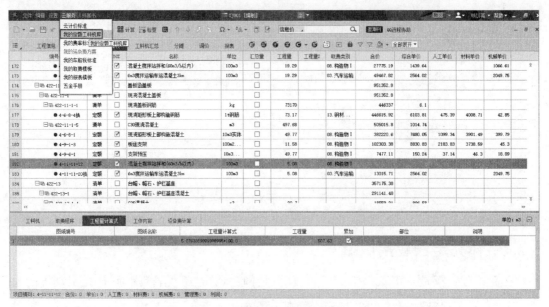

图 5-13 云服务→定额库工料机库

在弹出的"我的定额工料机"小窗口,打开定额库编制器,如图 5-14 所示。

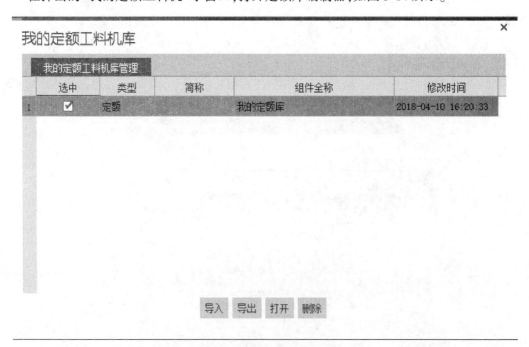

图 5-14 打开我的定额工料机库

进入到"我的定额工料机库"管理窗体,如图 5-15 所示。

第5章 高级操作技巧

图 5-15 定额工料机管理界面

定位到"我的补充定额",分别进行补充定额的子目、工料机添加,如图 5-16 所示。

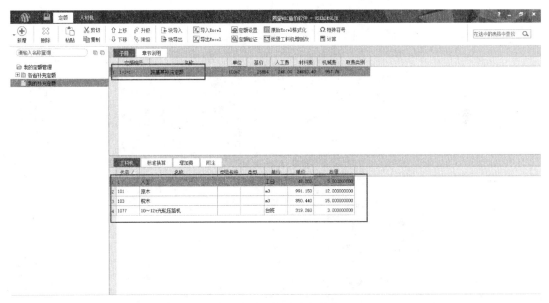

图 5-16 新增补充定额内容

保存并完成此条补充定额的增加。若有多个章节多条补充定额新增,可继续进行新增操作。保存后,可直接关掉,退出我的定额工料机编辑。

新增完成后,若需要调用此新增的补充定额,即按上面操作,直接调用补充定额即可。

5.2.5 组价方案应用

当对定额以及施工工艺流程的理解不够深入时,对预算的项目节,或清单子目的定额组价,

119

会有一定的难度，特别是一些刚接触公路造价不久的技术新人，更会对套定额有一定的困难。

系统里提供"组价方案"的功能，可以帮助技术新人，快速了解掌握套定额的一些思路与模板，提供参考价值，快速编制预算，如图5-17所示。

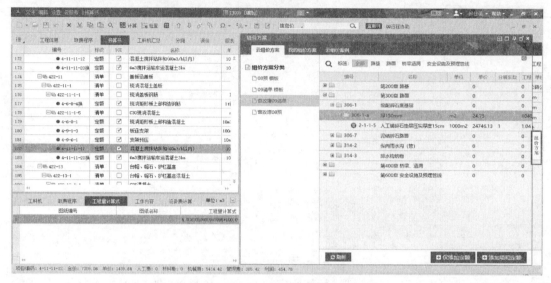

图5-17 组价方案界面

（1）云组价方案。系统提供的08预算、09清单的两套组价参考模板。

（2）我的组价方案。用户可以根据自己的项目数据积累，建议一套自己常用的组价模板，在下次新项目预算编制时，可以直接通过我的组价方案，快速对项目进行定额组价。

（3）云组价案例。系统里提供了一些案例的组价方案，供参考使用，数据关联来自天工造价平台的项目造价数据库。

（4）快速组价。当在进行清单投标时，导入工程量清单后，可以通过组价方案，进行快速组价的操作。

右键→"组价方案"→"对预算书全部组价"，如图5-18所示。

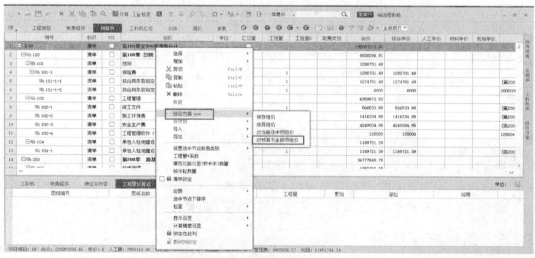

图5-18 对预算书全部组价

选择分类和标签→点击确定→系统会自动根据清单子目,快速组价,如图 5-19 所示。

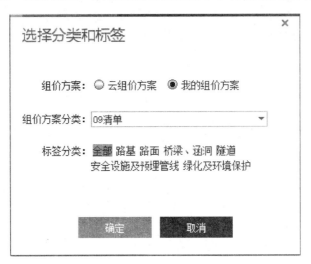

图 5-19　设置组价分类和标签

组价完成后,需要进行一定的检查分析,工程数量的核算,定额调整以及组价方案是否漏项、错乱等。

5.3　审核功能应用

公路工程造价的预算审核的效果与准确性直接关系到整个工程造价的控制,关系到整个工程是否能达到预期的社会效益和经济效益。采取合理有效的预算审核方法能够保证预算的有效性,确保工程的实际造价控制在额定的投资规模之内,确保工程项目实现经济效益和社会效益的统一。

公路工程造价的预算审核有利于工程项目造价控制在一定范围之内,保证造价的合理性;有利于客观准确估算公路工程投资的效益;有利于招投标工作的开展。

5.3.1　审核内容

公路工程造价的预算审核主要是以工程量是否正确、单价的套用是否合理、费用的计取是否准确三方面为重点,在施工图的基础上结合合同、招投标书、协议、会议纪要以及地质勘察资料、工程变更签证、材料设备价格签证、隐蔽工程验收记录等竣工资料,按照有关的文件规定进行计算核实。

(1)工程量的审核。工程量的误差分为正误差和负误差。正误差常表现在土方实际开挖高度小于设计室外高度,计算时仍按图计。负误差表现在完全按理论尺寸计算工程量,项目的遗漏。因此对施工图工程量的审核最重要的是熟悉工程量的计算规则。一是分清计算范围;二是分清限制范围;三是应仔细核对计算尺寸与图示尺寸是否相符,防止计算错误产生。

(2)套用单价的审核。公路工程造价定额具有科学性、权威性、法令性,它的形式和内容,计算单位和数量标准任何人使用都必须严格执行,不能随意提高和降低。在审核套用预

算单价时要注意如下几个问题:

①对直接套用定额单价的审核。首先要注意采用的项目名称和内容与设计图纸标准是否要求相一致。其次工程项目是否重复套用。另外定额主材价格套用是否合理,对有最高限价的材料的定额套用的规定等。

②对换算的定额单价的审核。除按上述要求外,还要弄清允许换算的内容是定额中的人工、材料或机械中的全部还是部分,同时换算的方法是否准确,采用的系数是否正确,这些都将直接影响单价的准确性。

③对补充定额的审核。主要是检查编制的依据和方法是否正确,材料预算价格、人工工日及机械台班单价是否合理。

(3)费用的审核。取费应根据当地工程造价管理部门颁发的文件及规定,结合相关文件如合同、招投标书等来确定费率。审核时应注意取费文件的时效性;执行的取费表是否与工程性质相符;费率计算是否正确;价差调整的材料是否符合文件规定。如计算时的取费基础是否正确,是以人工费为基础还是以直接费为基础。对于费率下浮或总价下浮的工程,在结算时特别要注意变更或新增项目是否同比下浮等。

5.3.2 审核方法

1)重点审核法

所谓重点审核法,顾名思义,就是着重抓工程预算中的重点项目进行审核的方法。重点审核法对于其他审核法来说主要优势就是有侧重点,一般选择工程量大而且投资费用比较大的部分项目工程的工程量和单价为审核的重点和要点。一般来说,抓住了整个公路工程施工项目的要点和重点的工程造价预算审核,工程造价预算的工作就起到了事半功倍的效果。公路工程造价预算的重点审核法能够以相对较少的审核工作量达到相对较好的预算审核效果,一定程度上可以节约审核成本。

2)对比审核法

所谓对比审核法就是对预算资料加以分析和总结,概括出相同类别的工程造价和人工、物料及机械设备的消耗的规律,总结出不同地区、不同用途、不同结构形式,不同类别的建筑工程的单价值班和人工物料消耗指标,并且根据这些规律和指标对比分析审核对象,加强对不符合一般投资规律的部分工程项目的重点核算,着重对不合法一般指标的项目进行计算,找出存在差异的原因的审核方法。

3)全面审核法

全面审核法是指公路工程造价预算的审核按照施工图纸的要求,结合预算编制的额定费用、施工组织设计和既定的造价计算规定,对工程项目的工程量、额定单价和费用计取等方面进行全面的审核,以保证工程造价预算审核的全面性和系统性,确保工程造价预算审核的有效性。全面审核法涉及工程造价的全方面,审核工作量大,审核过程复杂烦琐,但是审核全面,系统,能够从全方位反映预算审核的内容。当然,由于全面审核法工作量大、审核过程复杂和烦琐的缺点,使这种方法的使用范围比较多用于审核新手和投资项目不多的工程。全面审查法虽然耗时长、工作量大、重复劳动,但是全面和细致,审核质量高,效果好。虽然在投资规模较大,涉及工程项目较复杂的情况下比较少使用,但是对于建设单位严格控制工程造价是非常有帮助的。

5.3.3 审核操作

系统具有强大的审核功能,能够为审核造价文件提供极大的操作便利,便于在预算编制与审核过程中,更好地对比分析预算成果。支持多级审核,审核时可以对编制文件任意位置进行修改并留痕,各级审核过程用不同颜色标识区分(设置不同部门的审核颜色),方便查看,可查询任意级别审核内容和结果,并输出审核报表。

扫描视频 7 的二维码,可观看审核操作的视频。

视频 7

5.3.3.1 打开送审文件

审核人选择要审核的造价文件,右键选择"审核",进入审核界面,如图 5-20 所示。

图 5-20 审核功能打开造价文件

在弹出造价审核的小窗口,输入当前审核人信息,然后点击审核,系统即自动进入到审核的预算书界面,如图 5-21 所示。

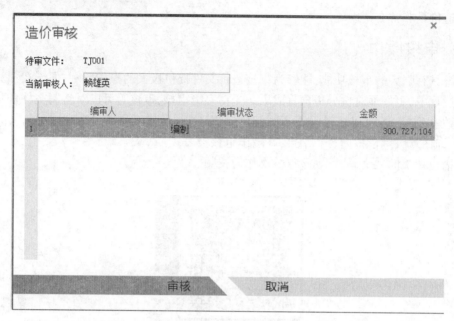

图 5-21 审核人信息

5.3.3.2 进行审核操作

审核操作同编制操作，审核人主要从以下六个方面来审核：清单项目，工程量、定额子目、工料机价格、取费程序以及其他需要审核的地方。

审核操作处处留痕，并用不同颜色标识审核信息的。比如，调整了取费，会有颜色显示已经调整过的地方；改了工程量，亦会有颜色区别；删除了项目节、清单章节，或定额，系统会有红线划掉的痕迹记录；调整了工料机预算单价，如图 5-22 所示。

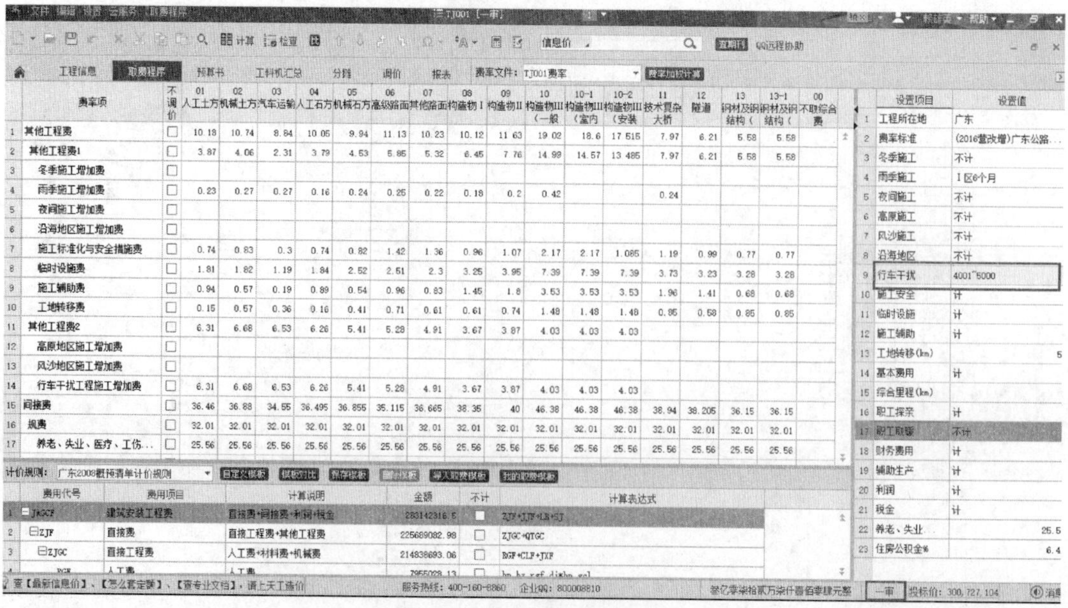

图 5-22 取费调整 痕迹显示

第5章 高级操作技巧

预算书删掉清单子目，删除定额组价，系统划红线标别审核操作，如图 5-23 所示。

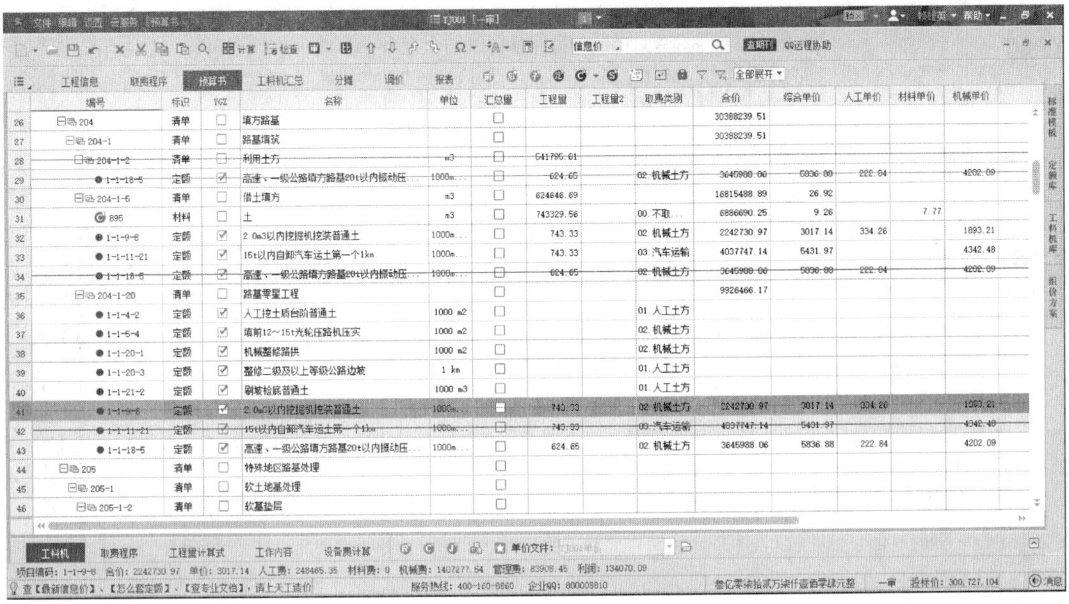

图 5-23 审核删除定额痕迹显示

5.3.3.3 报表审核分析

审核操作完成后，切换到报表界面，所有报表表头均会变成审核版，表尾显示审核人信息，系统并提供了"审核信息记录表"和几种不同格式要求的"总预算算审核表"，方便审核技术人员进行项目数据对比分析与审核报告的编制。

审核信息记录表，如图 5-24 所示。

图 5-24 审核信息记录表

总预算审核表,如图 5-25 所示。

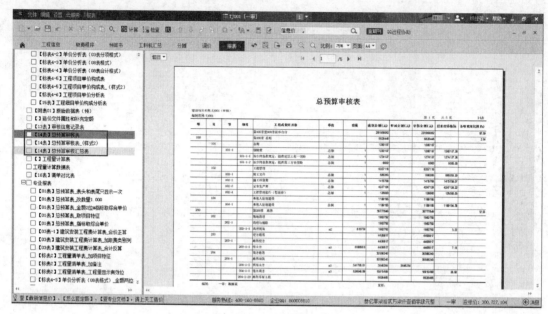

图 5-25　总预算审核表

切换回到项目管理界面,可以直接查看总的编制金额、审核金额和审减金额,如图 5-26 所示。

图 5-26　审核金额对比显示

思 考 练 习

(1)了解项目管理的基本操作功能。
(2)掌握快捷填写工程数量的方法与技巧。
(3)掌握补充定额的功能应用与操作方法。
(4)了解组价方案的调用和操作应用技巧。
(5)了解审核功能的应用与方法技巧操作。

第6章 公路工程案例分析

6.1 路基工程

【案例 1】

某高速公路路基标工程,长 20km,路基宽 28m,填方路段占总长的 80%,建设工期 2 年,位于河西岸,路基土石方数量表如表 6-1 所示。

路基土石方数量表　　　　表 6-1

挖方(m^3)				填方(m^3)
松土	普通土	硬土	软石	
100000	150000	10000	29000	3000000

全部挖方均可作为路基填方,其中土方平均运距 1300m,石方平均运距 100m。假设路基平均占地 40m,填前压实沉陷厚度 0.1m,土的压实干密度 $1.68t/m^3$,自然状态的土的含水量约低于最佳含水率 2.5%,水的平均运距为 1km(借方运距为 7km)。

[问题]

(1)计算本项目路基断面方、挖方、填方、利用方、借方和弃方数量。

(2)列出编制本项目土石方工程施工图预算所需的全部工程细目名称、单位、定额代号及数量等内容,并填入表格中,需要时 应列式计算。

[解答]

(1)断面方数量 = 3000000+100000+150000+10000+29000 = 3289000(m^3);

挖方数量 = 100000+150000+10000+29000 = 289000(m^3);

路基填前压实沉陷增加数量 = 20×1000×80%×40×0.1 = 64000(m^3);

填方数量 = 3000000+64000 = 3064000(m^3);

利用方数量 = 100000/1.23+150000/1.16+10000/1.09+29000/0.92 = 251307(m^3);

借方数量 = 3064000-251307 = 2812693(m^3);

利用方数量小于填方数量,弃方为 0(m^3)。

(2)填前压实数量 = 20×1000×80%×40 = 640000(m^3);

挖方及零填段压实数量 = 20×1000×20%×28 = 112000(m^2);

填方压实洒水量 = (3064000-29000/0.92)×1.68×2.5% = 127364(m^3);

整修路拱数量 = 20×1000×28 = 560000(m^2);

碾压石方数量 = 29000/0.92 = 31522(m^3);

碾压土方数量 = 3064000-31522 = 3032478(m^3)。

(3)定额表(表 6-2)

路基工程定额表 表 6-2

工程细目	定额代号	单位	数量	定额调整或系数	备注
耕地填前压实	1—1—5—4	1000m²	640		
挖掘机挖松土	1—1—9—7	1000m³	100		
挖掘机挖普通土	1—1—9—8	1000m³	150		
挖掘机挖硬土	1—1—9—9	1000m³	10		
自卸汽车运土第1km	1—1—11—21	1000m³	260		
土方增运 0.5km	1—1—11—22	1000m³	260		
机械打眼炸软石	1—1—15—24	1000m³	29		
石方增运 10m	1—1—15—27	1000m³	29	8	
挖掘机挖借方	1—1—9—8	1000m³	2812.693	1.16	
借方运输 1km	1—1—11—21	1000m³	2812.693	1.19	
借方增运 0.5km	1—1—11—23	1000m³	2812.693	1.19×12	
土方碾压	1—1—18—5	1000m³	3032.478		
石方碾压	1—1—18—18	1000m³	31.522		
土方洒水	1—1—22—5	1000m³	127.364		
零填及挖方路段碾压	1—1—18—27	1000m²	112		
整修边坡	1—1—20—3	1km	20		
整修路拱	1—1—20—1	1000m²	560		

6.2 路面工程

【案例 2】

某高速公路沥青混凝土路面,其设计面层分别为上面层——5cm 厚细粒式;中面层——6cm 厚中粒式;下面层——7cm 厚粗粒式,设置有石油沥青透层和黏层,透层设置在水泥稳定砂砾基层上,工程量为沥青混凝土面积的 1.05 倍。该路段长 24km,路面宽 26m,其中进口段里程 K0+0 ~ K0+200 路面平均宽度为 100m,拌和站设在该路段中间,支线距离 1km,采用集中拌和,15t 自卸汽车运输,机械摊铺。施工组织已经确定拌和站采用 320t/h 沥青混凝土拌和设备 1 台,拌和场场地硬化和临时便道费用不考虑。

[问题]

列出本段路面工程所涉及的相关施工图预算定额名称、单位、定额代号、数量等内容(填入表中),并列式计算工程量及运距。

[解答]

工程数量的计算:

(1)工程量

沥青混凝土工程量 = (24000−200)×26+200×100 = 638800(m²);

透层工程量 = 638800×1.05 = 670740(m^2);
黏层工程量(黏层为二层) = 638800×2 = 1277600(m^2);
(2)各层面层体积
粗粒式 = 638800×0.07 = 44716(m^3);
中粒式 = 638800×0.06 = 38328(m^3);
细粒式 = 638800×0.05 = 31940(m^3);
体积工程量合计 = 44716+38328+31940 = 114984(m^3)。
(3)混合料运距计算
①参考1
根据已知条件,运距计算分三段:入口处0.2km为第一段,K0+0~K0+200为第二段,K12+000~K24+000为第三段。需分别计算这三段工程量体积及距拌和场的距离。
a. 第一段工程量和运距
工程量 = 200×100×0.18 = 3600(m^3);
中心运距 = 0.2÷2+(12−0.2) = 11.9(km)。
b. 第二段工程量和运距
工程量 = (12000−200)×26×0.18 = 55224(m^3)。
中心运距 = (12−0.2)÷2 = 5.9(km)。
c. 第三段工程量和运距
工程量 = 12000×26×0.18 = 56160(m^3);
中心运距 = 12÷2 = 6(km)。
d. 综合平均运距
3600×11.9+55224×5.9+56160×6 = 705621.6(m^3·km);
705621.6÷114984 = 6.14(km)。
根据题目中给定的条件,拌和站支线距离为1km。
因此混凝土料实际运距为:6.14+1 = 7.14(km)。
②参考2
根据已知条件,运距计算分三段:入口处0.2km为第一段,K0+200~K12+000为第二段,K12+000~K24+000为第三段。需分别计算这三段工程量体积及距拌和场距离。
a. 第一段工程量和运距
工程量 = 200×100×0.18 = 3600(m^3);
中心运距 = 0.2÷2+(12+1−0.2) = 12.9(km)。
b. 第二段工程量和运距
工程量 = (12000−200)×26×0.18 = 55224(m^3)。
中心运距 = (12−0.2)÷2+1 = 6.9(km)。
c. 第三段工程量和运距
工程量 = 12000×26×0.18 = 56160(m^3);
中心运距 = 12÷2+1 = 7(km)。
d. 综合平均运距

$3600 \times 12.9 + 55224 \times 6.9 + 56160 \times 7 = 820605.6 (m^3 \cdot km)$；

$820605.6 \div 114984 = 7.14 (km)$。

(4)定额表(表6-3)

路面工程定额表 表6-3

定额细目	定额代号	单位	数量	定额调整或系数
石油沥青透层(半刚性基层)	2—2—16—3	1000m²	670.740	
石油沥青黏层(沥青混凝土层间)	2—2—16—5	1000m²	638.800	2
拌和(粗粒式)	2—2—11—6	1000m³	44.716	
拌和(中粒式)	2—2—11—12	1000m³	38.328	
拌和(细粒式)	2—2—11—18	1000m³	31.940	
15以内自卸汽车运输第一个1km	2—2—13—21	1000m³	114.984	
每增运0.5km	2—2—13—23	1000m³	114.984	12
沥青混凝土(粗粒式)	2—2—14—50	1000m³	44.716	
沥青混凝土(中粒式)	2—2—14—51	1000m³	38.328	
沥青混凝土(细粒式)	2—2—14—52	1000m³	31.940	
沥青混合料拌和设备安拆(320t/h)	2—2—15—6	座	1.000	

6.3 隧道工程

【案例3】

某高速公路一座分离式隧道，长1480m，主要工程量为：

(1)洞门部分：开挖土石方8000m³其中Ⅴ类围岩30%，Ⅳ类围岩70%；浆砌片石墙体1000m³，浆砌片石截水沟70m³。

(2)洞身部分：设计开挖断面162m³，开挖土石方247200m³，其中Ⅴ类围岩10%，Ⅳ类围岩70%，Ⅲ类围岩20%；钢支撑440t，喷射混凝土10020m³，钢筋网130t，φ25锚杆12000m，φ22锚杆114000m，拱墙混凝土25260 m³，光圆钢筋18t，带肋钢筋150t。

(3)洞内路面：22000m²，水泥混凝土面层厚度26cm。

(4)洞外出渣运距为1400m。

(5)不考虑隧道防排水、洞内管沟、装饰、照明、通风、消防等。

[问题]

列出该隧道工程施工图预算所涉及的相关定额的名称、单位、定额号、数量、定额调整等内容，并填入表格中，需要时应列式计算或文字说明(注：钢铁的比重为7.85g/cm³)。

[解答]

(1)洞门开挖数量的计算

①开挖Ⅴ类围岩(普通土) = $8000 \times 0.3 = 2400 (m^3)$。

②开挖Ⅳ类围岩(软石)=8000×0.7=5600(m³)。

(2)洞身开挖数量的计算

洞身开挖设计断面数量=1480×162=239760(m³),而题目中列出的开挖土石方数量为247200 m³,大于设计断面的计算数量,说明题目中给出的数量包含了超挖数量,而超挖数量不计价,故:

开挖Ⅴ类围岩=1480×162×0.1=23976(m³);

开挖Ⅳ类围岩=1480×162×0.7=167832(m³);

开挖Ⅱ类围岩=1480×162×0.2=47952(m³)。

(3)锚杆重量计算

锚杆重量(0.025×0.025×12000+0.022×0.022×114000)÷4×3.14159×7.85=386.42(t)。

(4)定额表(表6-4)

隧道工程定额表　　　　表6-4

序号	名 称		定额代号	单位	数量	定额调整或系数	备注
1	洞门	开挖土方	1—1—9—8	km³	2.4		
2		开挖石方	1—1—15—24	km³	5.6		
3		扣20m运输费	1—1—15—27	km³	-5.6	2	
4		洞外运输弃渣土方	1—1—11—17	km³	2.4		
5		洞外运输弃渣土方增运	1—1—11—18	km³	2.4		
6		装石方	1—1—10—5	km³	5.6		
7		洞外运输弃渣石方	1—1—11—45	km³	5.6		
8		洞外运输弃渣石方增运	1—1—11—46	km³	5.6		
9		浆砌片石墙体	3—2—1—4	10m³	100		
10		浆砌片石截水沟	1—2—3—1	10m³	7		
11	洞身开挖	开挖Ⅴ类围岩	3—1—3—11	100m³	239.76		
12		开挖Ⅳ类围岩	3—1—3—10	100m³	1678.32		
13		开挖Ⅱ类围岩	3—1—3—8	100m³	479.52		
14		Ⅳ、Ⅴ类围岩出渣	3—1—3—41	100m³	1918.08		
15		Ⅱ类围岩出渣	3—1—3—40	100m³	479.52		
16		洞外运输土	1—1—11—18	m³	191.808	2	
17		洞外运输石	1—1—11—46	m³	47.952	2	
18	洞身支护	钢支撑	3—1—5—1	t	440		
19		锚杆	3—1—6—1	t	386.42		
20		钢筋网	3—1—6—4	t	130		
21		喷射混凝土	3—1—8—1	10m³	1002		
22		混凝土拌和	4—11—11—11	100m³	100.2	1.2	
23		混凝土运输	洞外	4—11—11—20	100m³	100.2	1.2	
			洞内	3—1—9—10	100m³	100.2	1.2	

续上表

序号	名称		定额代号	单位	数量	定额调整或系数	备注
24	衬砌	拱墙混凝土	3—1—9—2	10m³	2526		
25		混凝土拌和	4—11—11—11	100m³	252.6	1.17	
26		混凝土运输 洞外	4—11—11—20	100m³	252.6	1.17	
		混凝土运输 洞内	3—1—9—10	100m³	252.6	1.17	
27		拱墙钢筋Ⅰ	3—1—9—6	t	18	Ⅰ-1.025,Ⅱ-0	
28		拱墙钢筋Ⅱ	3—1—9—6	t	150	Ⅱ-1.025,Ⅰ-0	
29	水泥混凝土路面	厚度20cm	2—2—17—3	km²	22	人工、机械×1.26	
		厚度增加6cm	2—2—17—4	km²	22×6	人工、机械×1.26	
		混凝土洞内运输	3—1—9—10	100m³	57.2	1.02	
		混凝土拌和站安拆	4—11—11—7	1座	1		

6.4 桥梁工程

【案例4】

某高速公路上的一座大桥工程,大桥左、右幅的孔数、孔径组合分别为5×40mt梁和6×40mt梁,左、右幅的全长分别为209m和247m,单幅宽度均为12.5m。该桥梁基础均为钻孔灌注桩,桥台桩基单幅为4根(均为长30m、桩径1.3m);桥墩桩基础单幅为3根(均为长38m、桩径2.5m);桥梁墩、台单幅承台尺寸均为10m×5m×2m,承台底面与地面线高程相同;桥台承台无封底混凝土,桥墩承台设1m厚C20封底混凝土;桩基C25混凝土、承台C30混凝土,配筋率均为100kg/m³(均为带肋钢筋),焊接连接,桩基检测管全桥总用量13.5t;桥台设置于岸上旱地,各桥墩均在水中,施工水位均为+4.0m(不考虑湖水、洪水、浪溅、涌水等)。

钻孔揭示的该桥地层资料自地面线向下依次为——桥台:2m粉砂土、8m砂砾、10m砾石、18m软石、其下为次坚石(各桥台相同);桥墩——1.5m粉砂土、6m砂砾、10m砾石、18m软石、其下为次坚石(各墩相同)。根据地区经验,桩基成孔适宜采用回旋钻机施工,钢护筒宜高出施工水位1.5m,埋入砂砾层内2m。根据地方环保部门要求,水中基础均需采用钢结构辅助工程施工;混凝土均要求采用集中拌和,泵送浇筑。距该桥平均运距2km处,本项目即有40m³/h拌和站可用,水中栈桥及桩基工作平台已由业主于前期招标完成。

[问题]

(1)根据上述资料计算该桥梁基础工程施工所涉及工程内容的相应数量,写出必要的计算式。

(2)依据交通运输部2007年版《公路工程预算定额》,按给定表格格式编制该桥梁基础工程的全部预算数据,并写明工程细目名称(不考虑混凝土拌和及运输)。

[解答]

(1)桥台桩基

①桥台桩基护筒长度=2(砂土层)+2(砂砾层)+0.3(高出地面)=4.3(m);

②桥台桩基护筒重量(干处埋设)=4.3×16×[0.2382+(0.2893-0.2382)/3]=17.560(t);

注:1.3m桩径钢护筒单位质量内插。

③桩基成孔

粉砂土=2×16=32(m);砂砾=8×16=128(m);砾石=10×16=160(m);软石=(30-2-8-10)×16=160(m)。

桥台桩基混凝土=π×(1.3/2)^2×30×16=637.1(m^3)。

(2)桥墩桩基

①墩桩基护筒长度=1.5(砂土层)+2(砂砾层)+4(水深)+1.5(高出施工水位)=9(m);

②桥墩桩基护筒质量(水中埋设)=9×(3×4+3×5)×0.6126=148.862(t);

③桥墩桩基成孔

粉砂土=1.5×27=40.5(m);

砂砾=6×27=162(m);

砾石=10×27=270(m);

软石=18×27=486(m);

次坚石=(38-1.5-6-10-18)×27=67.5(m)。

注:虽然桥墩基桩长38m,但护筒顶面至地面5.5m,成孔深度应43.5m,应套用孔深60m以内定额,不应套用孔深40m以内定额。

④桥墩桩基混凝土=π×(2.5/2)^2×38×27=5036.4(m^3)

(3)承台

①台混凝土(桥墩设钢套箱,应适用无底模定额)=10×5×2×(6+7)=1300(m^3)。

②台封底混凝土=10×5×1×9=450(m^3)。

③台钢套箱=(10+5)×2×4.5×0.15×9=182.25(t)。

(4)钢筋

①桩基钢筋=(637.1+5036.4)×0.1=567.35(t)。

②承台钢筋=1300×0.1=130(t)。

(5)基础数据

该大桥基础工程的预算基础数据表如表6-5所示。

大桥基础数据　　　　表6-5

序号	工程细目	定额代号	定额单位	数量	定额调整或系数
1	桥台桩基钢护筒	4—4—8—7	t	17.56	
2	桥墩桩基钢护筒	4—4—8—8	t	148.862	
3	桥台桩径1.3m孔深40m以内砂土	4—4—5—41	10m	3.2	定额乘0.94系数
4	桥台桩径1.3m孔深40m以内砂砾	4—4—5—43	10m	12.8	定额乘0.94系数
5	桥台桩径1.3m孔深40m以内砾石	4—4—5—44	10m	16	定额乘0.94系数
6	桥台桩径1.3m孔深40m以内软石	4—4—5—46	10m	16	定额乘0.94系数
7	桥墩桩径2.5m孔深60m以内砂土	4—4—5—313	10m	4.05	
8	桥墩桩径2.5m孔深60m以内砂砾	4—4—5—315	10m	16.2	

续上表

序号	工程细目	定额代号	定额单位	数量	定额调整或系数
9	桥墩桩径2.5m孔深60m以内砾石	4—4—5—316	10m	27	
10	桥墩桩径2.5m孔深60m以内软石	4—4—5—318	10m	48.6	
11	桥墩桩径2.5m孔深60m以内次坚石	4—4—5—319	10m	6.75	
12	桩基钢筋	4—4—7—22	t	567.35	111(光圆钢筋)量:0,112(带肋钢筋)量:1.025
13	桩基检测管	4—4—7—24	t	13.5	
14	桥台桩基混凝土	4—4—7—15	10m³	63.71	
15	桥墩桩基混凝土	4—4—7—18	10m³	503.64	
16	桥墩承台钢套箱	4—2—6—2	10t	18.225	
17	承台封底混凝土	4—6—1—11	10m³	45	
18	承台钢筋	4—6—1—13	t	130	
19	桥台承台混凝土	4—6—1—10	10m³	130	普C25-32.5-4换普C30-32.5-4

【案例5】

某预应力5孔混凝土连续桥梁,全桥长350m。0号台位于岸上,1~4号墩均在水中,水深4.8m。桥台采用8根φ2.0钻孔灌注桩,桩长30~40m,桥墩均采用6根φ2.5钻孔灌注桩,桩长30~40m,承台尺寸为900cm×1900cm×300cm。施工组织考虑搭便桥进行施工(便桥费用此处不计),混凝土在岸上集中拌和、泵送施工,桩基、承台混凝土的平均泵送距离为200m。桥台钢护筒按单根长度3.5m计,桥墩钢护筒按单根长度10m计,钢套箱体表面积150kg/m²计,钻孔设备采用回旋钻机,钢筋连接方式采用焊接工艺。经统计施工图所列主要工程数量如表6-6所示。

主要工程数量　　　　　　　　　　表6-6

项　目		钻孔岩层统计表(m)				混凝土(m³)	钢筋(t)
		砂砾	卵石	软石	坚石		
灌注桩	桩径2.5m	102	586	135	65	4474.5	581
	桩径2.0m	32	408	120	/	1758.4	
承台		封混凝土(m³)		封底混凝土(m³)		挖基	钢筋(t)
		918		2052		1236	305

[问题]

(1)列出计算本桥基础工程施工图预算所需的辅助工程量,需要时辅以文字说明(计算时均保留两位小数)。

(2)列出该桥基础工程施工图预算所涉及的相关定额名称、单位、定额表号、数量、定额调整等内容,并填入表中。不考虑混凝土拌和站的安拆。

[解答]
(1)计算辅助工程量
①钻孔灌注桩钢护筒
桥台桩为陆上桩,桩径 2.0m 的单根护筒长度按 3.5m 计,共 16 根。
质量 = 16×3.5×0.4991 = 27.95(t)。
桥墩桩为水中桩,桩径 2.5m 的单根护筒长度按 10m 计,共 24 根。
质量 = 24×10×0.6126 = 147.02(t)。
②水中施工平台
根据给定的承台的平面尺寸,拟定水中平台平面尺寸为 13m×22m(注:按承台每边长增加 3~5m 均正确)。
需 4 个水中工作平台,总面积 = 13×22×4 = 1144(m^2)
③承台钢套箱
根据题目中给定的资料,水中钻孔桩成孔长度 = 102+568+135+65 = 888(m)。
平均桩入土长度 = 888÷24 = 37(m)。
按设计混凝土数量反算桩长 = 4474.5÷(2.5^2×3.14÷4)÷24 = 38(m)。
即平均桩长比入土深度大 1m,也就是说本项目为高桩承台。但由于承台封底混凝土厚度 918÷(9×19)÷4 = 1.34(m) > 1(m),即应考虑适当清理河床,然后再在清理完毕后的河床上设置无底钢套箱。
清理河床数量 = 9×19×(1.34−1)×4 = 232.56(m^2)。
一般单壁钢套箱可按其表面积大约 150kg/m^2 计算,高度按高于施工水位 0.5m 计。
需 4 套钢套箱:每套钢套箱表面积 = (9×19)×2×(1.34−1+4.8+0.5) = 315.84(m^2);每套钢套箱质量 = 315.84×0.15 = 47.376(t);四套钢套箱质量 = 47.376×4 = 189.504(t)。
(2)混凝土运输
因泵送水平距离平均为 200m,定额综合距离为 100m,超过 100m。超过 2 个单位:
每 100m^3 灌注桩增加 = 人工 2×1.55 = 3.1 工日,混凝土输送泵 2×0.27 = 0.54 台班;
每 100m^3 承台增加 = 人工 2×1.27 = 2.54 工日,混凝土输送泵 2×0.18 = 0.36 台班。
(3)混凝土拌和工程量
工程量 = (4474.5+1758.4)×1.197+(918+2052)×1.04 = 10549.58(m^3)。
(4)定额选用(表 6-7)

定 额 选 用 表 6-7

工 程 细 目	定额代号	工程量	定额调整或系数	备注
陆上,桩径 2.0m,孔深 40m,砂砾	4—4—5—67	3.2		
陆上,桩径 2.0m,孔深 40m,卵石	4—4—5—69	40.8		
陆上,桩径 2.0m,孔深 40m,砂砾	4—4—5—70	12		
水中平台,桩径 2.5m,孔深 40m,砂砾	4—4—5—307	10.2		
水中平台,桩径 2.5m,孔深 40m,卵石	4—4—5—309	58.6		
水中平台,桩径 2.5m,孔深 40m,软石	4—4—5—310	13.5		
水中平台,桩径 2.5m,孔深 40m,坚石	4—4—5—312	6.5		

续上表

工程细目	定额代号	工程量	定额调整或系数	备注
水上泥浆循环系统	4—11—14—1	4		
灌注桩混凝土	4—4—7—18	623.29	人工增加0.31,混凝土泵增加0.054	
灌注桩钢筋	4—4—7—22	581		
干处钢护筒	4—4—8—7	27.95		
水中钢护筒	4—4—8—8	147.02		
水中施工平台	4—4—9—1	11.44		
承台封底混凝土	4—6—1—11	91.8	人工增加0.254,混凝土泵增加0.036	
承台混凝土	4—6—1—10	205.2		
承台钢筋	4—6—1—13	305		
钢套箱	4—2—6—2	18.9504		
河床清理		232.56		
混凝土拌和	4—11—11—11	105.496		
基础开挖土方	4—1—3—3	1.236		

思考练习

(1) 掌握各案例的解题思路以及相关工程量的计算。

(2) 结合软件,进行项目(清单)分解,并对应各项子目定额组价。

第7章 配套实战操作例题

7.1 施工图预算编制实例

同望公路工程施工图预算编制示例
（广东深中通道二级公路连接线工程）

7.1.1 编制信息

1）基本信息

（1）公路等级：汽车二级公路；

（2）工程地点：广东省中山市；

（3）编制类型：施工图预算；

（4）车船税标准：广东省养护费车船税标准（2009 不含养路费）。

2）编制依据

（1）交通运输部《公路工程基本建设项目概预算编制办法》JTG B06—2007；

（2）交通运输部《公路工程预算定额》JTG/T B06-02—2007；

（3）交通运输部《公路工程机械台班费用定额》JTG/T B06-03—2007；

（4）交通运输部【2011】83 号文件：关于公布公路工程基本建设项目概预算编制办法局部修订的公告

（5）交通运输部 交办公路【2016】66 号文：公路工程营业税改征增值税计价依据调整方案

（6）广东省交通运输厅（粤交基【2016】562）：《营业税改增值税我省公路养护工程造价计价依据调整补充方案》的通知

（7）粤交基函【2008】548 号文，

粤交基函【2010】1915 号文，粤交基函【2011】1464 号文；

（8）财税〔2018〕32 号 关于调整增值税税率的通知。

3）基本属性

"项目管理"→"基本信息"，如表 7-1 所示。

项目管理的基本信息　　　　　　　　　　　表 7-1

单位工程名称	广东中山二级公路	编制范围	k0+000~k5+000
所属建设项目	广东中山二级公路	建设单位	广东省某某公路工程公司
工程地点	广东省中山市	公路等级	二级公路
路线或桥梁长度(km)	5	路基或桥梁宽度(m)	24
利润率	7.42%	税金	10%（营改增、财税〔2018〕32 号）

4）取费程序（费率文件属性，表7-2）

费率文件属性取费费率 表7-2

工程所在地	中山市	费率标准	（2016-营改增）广东省补充规定
冬季施工	不计	雨季施工	Ⅰ区5个月
夜间施工	不计	高原施工	不计
风沙施工	不计	沿海地区	不计
行车干扰	不计	安全施工	计
临时设施	计	施工辅助	计
工地转移(km)	380	规费	32.01
基本费用	计	综合里程(km)	4
职工探亲	计	职工取暖	不计
财务费用	计	辅助生产	不计

7.1.2 预算书内容

1）第一部分 建筑安装工程费

工程项目：标准项目从标准模板中选择，非标准项插入添加。

（1）分项分部工程（表7-3）

分项分部安装工程费 表7-3

项	目	节	细目	工程或费用名称	单 位	数 量
				第一部分 建筑安装工程费	公路公里	
一				临时工程	公路公里	5.000
	1			临时道路	km	5.000
		1		临时道路	km	5.000
	4			临时电力线路	m	100.000
二				路基工程	km	4.950
	2			挖方	m³	50000.000
		1		挖土方	m³	50000.000
		3		外购土方(非标准项)	m³	20000.000
	6			防护工程	km	5.00
		2		坡面圬工防护	m³	15000.00
			3	浆砌片石护坡	m³	15000.00
三				路面工程	km	5.00
	3			路面基层	m²	76000.000
		2		水泥稳定类基层	m²	76000.000
		6		水泥混凝土面层	m²	70000.000

续上表

项目	目	节	细目	工程或费用名称	单 位	数 量
			1	水泥混凝土面层	m^2	70000.000
	四			桥梁涵洞工程	km	0.050
		3		小桥工程	m/座	50.000/1.000
			5	预应力混凝土空心板桥	m/座	50.000/1.000
				第二部分　设备及工具、器具购置费	公路公里	5.00
	三			办公及生活用家具购置	公路公里	5.00
				第三部分　工程建设其他费用	公路公里	5.00
	二			建设项目管理费	公路公里	5.00
		1		建设单位(业主)管理费	公路公里	5.00
		3		工程监理费	公路公里	5.00
				第一、二、三部分　费用合计	公路公里	5.00
				预备费	元	
				1.价差预备费	元	
				2.基本预备费	元	
				新增加费用项目(不作预备费基数)	元	
				概(预)算总金额	元	
				其中:回收金额	元	
				公路基本造价	公路公里	5.00

(2)定额组价细目表定额组价(套定额组价,仅供参考,作演示系统讲解,表 7-4)

表 7-4

工程项目	定额名称	单位	工程量	取费	定额号及定额调整提示
临时道路	汽车便道平微区路基宽 7m	km	5	1	7—1—1—1
临时电力线路	干线三线裸铝线输电线路	100m	100	8	7—1—5—1
挖土方	2.0m^3 内挖掘机挖装土方普通土	1000m^3	50000	2	1—1—9—8
	10t 内自卸车运土 7km	1000m^3	50000	3	1—1—11—13,+15×12
	二级路 10t 内振动压路机压土	1000m^3	50000	2	1—1—18—5
外购土方(非标准项)	(单价×数量)	m^3	20000		20000×3=60000
浆砌片石护坡	浆砌片石护坡 (高 10m 内)	10m^3	15000	8	5—1—10—2,M5 换 M7.5
水泥稳定类基层	水泥碎石 4:96 稳拌机厚 20cm	1000m^2	76000	7	2—1—2—23,+24×5,4:96,拖平压机×2,人工+3
	稳定土运输 10t 内 4km	1000m^2	76000	3	2—1—8—13,+14×6
	厂拌水泥碎石 4:96 厚度 20cm	1000m^2	76000	7	2—1—7—5,+136×5,4:96,200t/h 内厂拌设备
	厂拌设备安拆(200t/h 内)	座	1	7	2—1—10—3

续上表

工程项目	定额名称	单位	工程量	取费	定额号及定额调整提示
水泥混凝土面层	轨道摊铺机铺筑混凝土厚20cm	1000m²	70000	6	2—2—17—3,普 C30-32.5-4,换 C40
	路面钢筋	t	1	13	2—2—17—15
预应力混凝土空心板桥(小桥)	预制预应力空心板混凝土泵送	10m³	120	8	4—7—13—2,+×1,泵 C40-42.5-2,换泵 C45-42.5-2
	预应力空心板钢筋	t	11	13	4—7—13—3,111 量 1.025,112 删 0
	预应力锚索 60m 内 4 孔 4.36束/t	t	5	8	5—1—9—60
	重 15t 内起重机装车 4km	100m³	120	3	4—8—4—6,+10×6
	起重机安装空心板	10m³	120	8	4—7—10—4

(3)补充定额的操作应用(仅作操作练习,不算入本例建安费,表 7-5)

定额号:补 2—1—13—3 水稳碎石路面基层铣刨厚 20cm。

工作内容:施工准备,画线,机械铣刨,自动回收,自卸汽车等待、装运第一公里,清理现场。

补 充 定 额　　　　表 7-5

顺序号	工、料、机名称	工料机代号	单位	水泥稳定碎石基层铣刨	
				厚20cm	每增减1cm
				1000m²	1000m²
				1	2
1	人工	1	工日	27.14	1.22
2	水	866	m³	11.79	0.59
3	W-2000mm 以内路面铣刨机	1994	台班	1.29	0.05
4	6000L 洒水车	1405	台班	1.28	0.06
5	HT 滑移装载机	1995	台班	1.09	0.05
6	1.5m³ 以内轮胎式装载机	1049	台班	2.19	0.00
7	15t 以内自卸汽车	1388	台班	1.81	0.09
8	基价	1999	元	11941	458

注:本定额包含第一公里运输,增运可按照厂拌基层稳定土混合料运输增运定额。

2)第二部分　设备、工具、器具及家具购置费

办公及生活用家具购置 总金额:5800×5=29000 元。

注:计算方法参考编制办法 P26 页。

3)第三部分　工程建设其他费用(表7-6)

其他费用　　　　　　　　　　　　　　　　　　　　　　　　　　　　　　表7-6

建设单位(业主)管理费	{累进办法建管费}
工程监理费	{建安费}×2.5%

7.1.3　工料机汇总

(1)人工、机械工

根据粤交基【2010】1915号文,确定人工、机械工单价;人工:69.12;机械工:69.12;汽油:7.3元;柴油:6.9元。

(2)自采材料计算(直接取到场价或原价+运费,表7-7)

片石预算价计算:右键添加计算材料。

自采材料预算价　　　　　　　　　　　　　　　　　　　　　　　　　　表7-7

名称	起讫地点	原价	运价	运距	装卸费	装卸次数	预算价
片石	料场-工地	45	0.52	15	2.5	1	

注:1.运价已考虑过路、过桥费(补充编制规定已说明)。

　　2.机械台班单价采用"广东省养护费车船税标准(2009不含养路费)"。

　　3.其他材料、机械采用部颁定额单价。

7.1.4　项目汇总与报表输出

项目管理:文件—导出—导出"模板文件"

　　　　　文件—导出—导出"送审文件"

7.1.5　本示例计算参考总造价

参考总造价:_____

查看交通部的公路编制方法、预算定额等规范资料,通过实际操作演练,计算出本案例的参考总造价。

7.2　清单预算投标实例

广东新建××工程投标实例(选取部分清单)。

7.2.1　编制信息

1)基本信息

(1)公路等级:高速一级。

(2)工程地点:广东省佛山市。

(3)编制类型:工程量清单。

(4)车船税标准:广东省公路工程车船税费用标准(2012)。

2)编制依据

(1)交通运输部《公路工程基本建设项目概预算编制办法》JTG B06—2007。

(2)交通运输部《公路工程预算定额》JTG/T B06-02—2007。

(3)交通运输部《公路工程机械台班费用定额》JTG/T B06-03—2007。

(4)交通运输部【2011】83号文件——关于公布公路工程基本建设项目概算预算编制办法局部修订的公告。

(5)交办公路【2016】66号文——交通运输部办公厅关于印发《公路工程营业税改征增值税计价依据调整方案》的通知。

(6)《广东省公路养护工程预算编制办法(粤交基[2009]1350号)》。

(7)《广东省公路养护工程预算定额(粤交基[2009]1350号)》。

(8)《广东公路养护工程机械台班费用定额》。

(9)《广东省高速公路建设标准化管理指南(粤交基[2011]158号)》。

(10)粤交基【2016】562——广东省交通运输厅《营业税改增值税我省公路养护工程造价计价依据调整补充方案》的通知。

(11)有关规范文件。

3)基本属性(表7-8)

项目管理的基本信息　　　　　　　　　　　　　　　表7-8

单位工程名称	广明高速工程	编制范围	TJ03合同段
所属建设项目	广明高速工程	建设单位	广明高速
工程地点	广东省佛山市	公路等级	高速一级公路特殊桥隧
路线或桥梁长度(km)	2.6	路基或桥梁宽度(m)	24.4
利润率	7.42%	税金	10%(营改增,财税(2018)32号)

4)取费程序(表7-9)

取 费 费 率　　　　　　　　　　　　　　　表7-9

工程所在地	佛山市	费率标准	(2016营改增)-广东省公路建设营改增-粤交基(2016)562
冬季施工	不计	雨季施工	Ⅱ区6个月
夜间施工	不计	高原施工	不计
风沙施工	不计	沿海地区	不计
行车干扰	不计	安全施工	计
临时设施	计	施工辅助	计
工地转移(km)	380	规费	32.01
基本费用	计	综合里程(km)	4
职工探亲	计	职工取暖	不计
财务费用	计	辅助生产	不计

7.2.2 预算书内容

(1) 工程量清单(表 7-10)

工程量清单 表 7-10

清单编号	名　称	单位	数量	数 量 2
	第 100 章至 700 章清单			
	清单　第 100 章　总则			
101—1	保险费			
—a	按合同条款规定;提供建筑工程一切险	总额	1	
—b	按合同条款规定,提供第三方责任险	总额	1	
102—4	同望 WECOST 公路工程造价管理系统	总额	18	
	清单　第 200 章　路基			
202—1	清理与掘除			
—a	清理现场	m²	23518	
203—1	路基挖方			
—a	挖土方	m³	21187	
208—2	浆砌片石护坡			
—a	M7.5 浆砌片石	m³	3730	
—b	φ50PVC 管	m	5	
	清单　第 300 章　路面			
306—1	级配碎石底基层			
—a	厚 150mm	m²	5100	
—b	厚 200mm	m²	2267	
312—1	水泥混凝土面板			
—b	厚 220mm（混凝土弯拉强度 5.0MPa）	m²	4400	
313—1	水稳碎石路面基层铣刨 200mm	m²	5600	
	清单　第 400 章　桥梁、涵洞			
401—1	桥梁荷载试验			
—a	桥梁荷载试验(暂定金额)	总额	1	
403—1	基础钢筋(包括灌注桩、承台、沉桩、沉井等)			
—a	光圆钢筋(Ⅰ级)	kg	51295	
—b	带肋钢筋(HRB335、HRB400)	kg	932271	
405—1	挖、钻孔灌注桩			
—h	φ2.2m 挖、钻孔桩	m	1454	
410—1	混凝土基础(包括支撑梁、桩基承台,但不包括桩基)			

续上表

清单编号	名 称	单位	数量	数量 2
—e	现浇 C30 混凝土承台	m³	3220	
411—5	后张法预应力钢绞线			
—a	φj15.2 钢绞线	kg	694319	
411—7	现浇预应力混凝土上部结构			
—e	现浇 C55 混凝土(连续刚构主梁)	m³	9823	
	已包含在清单合计中的材料、工程设备、专业工程暂估价合计			
	清单合计减去材料、工程设备、专业工程暂估价合计			
	计日工合计			
	劳务			
—102	技工	工日	500	
	材料			
—202	钢筋	t	30	
—206	中(粗)砂	m³	120	
	机械			
—301	135kW 以内履带式推土机	台班	150	1574.16
—305	15t 以内振动压路机	台班	150	1029.54
—309	25t 以内汽车式起重机	台班	50	1557.22
	暂列金额(不含计日工总额)			
	投标报价			

(2)定额细目表(表 7-11)

此定额仅作为操作系统应用举例(先做完 200 章~700 章数据,最后处理 100 章总则)。

定 额 细 目 表　　　　　　　　　　　　　表 7-11

编 号	清单名称及相应定额	单位	数量	定额调整情况
	第 100 章至 700 章清单			
	清单 第 100 章 总则			
101—1	保险费			
—a	按合同条款规定,提供建筑工程一切险	总额	1	100 章-900 章合计(不含第三方责任险)×3.14%
—b	按合同条款规定,提供第三方责任险	总额	1	20000000×0.3%
102—4	同望公路工程造价管理系统	总额	18	18×9800(暂定)(专业工程)

续上表

编号	清单名称及相应定额	单位	数量	定额调整情况
清单 第200章 路基				
202—1	清理与掘除			
—a	清理现场	m²	23518	
1—1—1—12	清除表土(135kW 内推土机)	100m³	47.036	
1—1—10—2	2m³ 内装载机装土方	1000m³	4.704	
1—1—11—17	12t 内自卸车运土 5.2km	1000m³	4.704	+19×8
203—1	路基挖方			
—a	挖土方	m³	21187	
1—1—9—8	2.0m³ 内挖掘机挖装土方普通土	1000m³	3.277	
1—1—9—9	2.0m³ 内挖掘机挖装土方硬土	1000m³	17.91	
1—1—11—17	12t 内自卸车运土 5.3km	1000m³	21.187	+19×9,定额×0.85
208—2	浆砌片石护坡			
—a	M7.5 浆砌片石	m³	3730	
5—1—10—2	浆砌片石护坡	10m³	373	M5,-3.5,M7.5,+3.5,定额×0.81
1—1—6—3	人工挖运硬土 20m	1000m³	4.198	
5—1—25—2	砂砾泄水层	100m³	37	
—b	φ50PVC 管	m	5	
计算项	φ50PVC 管	m	5	5×15
清单 第300章 路面				
306—1	级配碎石底基层			
—a	厚 150mm	m²	5100	
2—2—2—15	平地机拌机铺底基层厚度 15cm	1000m²	5.1	+18×7,拖平压机×2,人工+3
—b	厚 200mm	m²	2267	
2—2—2—15	平地机拌机铺底基层厚度 20cm	1000m²	2.267	+18×12,拖平压机×3,人工+6
312—1	水泥混凝土面板			
—b	厚 220mm(混凝土弯拉强度 5.0MPa)	m²	4400	
2—2—17—5	滑模摊铺机铺筑混凝土厚 22cm	1000m²	4.4	+6×2,普 C30-32.5-4,-224.4,9222 量 0,添 10016 量 224.4
313—1	水稳碎石路面基层铣刨 200mm	m²	5600	
BL2—1—13—3	水稳碎石路面基层铣刨厚 200mm	1000m²	56	
清单 第400章 桥梁、涵洞				
401—1	桥梁荷载试验			

续上表

编　号	清单名称及相应定额	单位	数量	定额调整情况
—a	桥梁荷载试验(暂定金额)	总额	1	
403—1	基础钢筋(包括灌注桩、承台、沉桩、沉井等)			
—a	光圆钢筋(I级)	kg	51295	
4—4—7—22	焊接连接钢筋	t	49.146	光圆=1.025,带肋=0
4—6—1—13	承台钢筋	t	2.149	112换111,111量1.025
—b	带肋钢筋(HRB335、HRB400)	kg	932271	
4—4—7—22	焊接连接钢筋	t	518.683	光圆=0,带肋=1.025
4—6—1—12	基础、支撑梁钢筋	t	392.165	
4—6—1—12	基础、支撑梁钢筋	t	21.423	光圆=0,带肋=1.025
405—1	挖、钻孔灌注桩			
—h	ϕ2.2m 挖、钻孔桩	m	1454	
4—4—5—105	陆地ϕ220cm 内孔深60m 内砂土	10m	116.32	定额×0.94
4—4—5—107	陆地ϕ220cm 内孔深60m 内砂砾	10m	29.08	定额×0.94
4—4—8—7	埋设钢护筒干处	t	111.413	
4—4—7—24	检测管	t	20.24	
4—4—7—14	回旋潜水钻ϕ150cm 起重机吊斗混凝土	10m^3	552.714	水 C25-32.5-4,-12.01, 水 C30-32.5-4,+12.01
4—11—11—11	混凝土搅拌站拌和(40m^3/h 内)	100m^3	自动统计	
4—11—11—20	6m^3 内混凝土搅运车运1km	100m^3	自动统计	
410—1	混凝土基础(包括支撑梁、桩基承台,但不包括桩基)			
—e	现浇 C30 混凝土承台	m^3	3220	
4—6—1—7	承台混凝土(起重机配吊斗无底模)	10m^3	322	普 C25-32.5-4,-10.2, 普 C30-32.5-4,+0,添 10005 量 10.2,899 价 152.69
4—11—11—11	混凝土搅拌站拌和(40m^3/h 内)	100m^3	32.844	
4—11—11—20	6m^3 内混凝土搅运车运1km	100m^3	32.844	
411—5	后张法预应力钢绞线			
—a	ϕj15.2 钢绞线	kg	694319	
4—7—20—29	钢绞线束长40m 内7孔4.23束/t	t	76.492	+30×0.41
4—7—20—47	钢绞线束长120m 内22孔0.65束/t	t	617.827	+48×0.244
411—7	现浇预应力混凝土上部结构			
—e	现浇 C55 混凝土(连续刚构主梁)	m^3	9823	

续上表

编　号	清单名称及相应定额	单位	数量	定额调整情况
4—6—11—3	连续钢构0号块箱梁混凝土	10m³	147.345	+3×1,泵C50-42.5-2,-10.4,9246量0,添10010量10.4,899价152.69
4—6—11—4	连续钢构悬浇段箱梁混凝土	10m³	834.955	+3×2,泵C50-42.5-2,-10.4,9246量0,添10010量10.4,899价152.69
4—7—31—6	悬浇挂篮	10t	50	997量10800
4—7—31—5	悬臂吊机	10t	20.63	997量7200
4—7—31—4	跨墩门架高16m	10t	8.03	997量7200
4—7—31—5	悬臂吊机	10t	22.45	996量7200
4—11—15—6	使用单笼电梯(高100m内)	1台天	450	
4—11—16—9	使用塔吊8t内(高150m内)	1台天	450	
4—11—11—11	混凝土搅拌站拌和(40m³/h内)	100m³	103.173	
4—11—11—20	6m³内混凝土搅运车运1km	100m³	103.173	

（3）分摊操作应用（表7-12）

新增清单项:418—7弃土场建设费分摊项（独立费）;418—8混凝土搅拌站分摊项（拌和站+场地处理）。

分摊项定额　　　　　　　　表7-12

编　号	名　称	单　位	数　量
418—8	混凝土搅拌站分摊项	金额	1
4—11—1—3	推土机平整场地	100m²	2000
4—11—11—7	混凝土搅拌站(楼)安拆(40m³/h以内)	1座	1
4—11—11—10	混凝土搅拌站拌和(25m³/h以内)	100m³	2000

注:温馨提示:此定额,仅作为系统操作应用,具体项目以实际情况套价计算。

7.2.3　工料机汇总

（1）人工、机械工

根据粤交基【2011】1915号文,确定人工、机械工单价。人工:62.28;机械工:62.28;

根据广东省造价站发布的材料信息指导价（扣税价）,确定材料预算价。例如:汽油:7.3元;柴油:6.9元

（2）自采材料计算（直接取到场价或原价+运费,表7-13）

片石预算价计算:右键添加计算材料。（扣税价）

自采材料预算价(元) 表 7-13

名称	起讫地点	原价	运价	运距	装卸费	装卸次数	预算价
片石	料场-工地	45	0.52	38	2.5	1	

注:1.运价已考虑过路、过桥费(补充编制规定已说明)。
　　2.机械台班单价采用"广东省养护费车船税标准(2009)"。
　　3.其他材料、机械采用部颁定额单价。

7.2.4　项目汇总与报表输出

查看交通部施工指标文件范本。根据招标文件要求,导出相应的报表格式。

7.2.5　本示例计算参考总造价

参考总造价：_____

查看交通部的公路编制办法、预算定额、2018清单范本等规范资料,通过实际操作演练,计算出本案例的参考总造价。

附录 配套视频

视频1:下载程序及安装
(相关内容:3.2.1 之 1))

视频2:注册账号登录及新建造价文件
(相关内容:3.2.1 之 2),3.2.3 新建项目及造价文件)

视频3:编制预算整体操作流程
(相关内容:3.3,3.4.2,3.5.2.1,3.6.1)

视频4:新建项目及导入工程量清单
(相关内容:4.2,4.3.2)

视频5：分摊操作
（相关内容：4.5）

视频6：调价操作
（相关内容：4.6）

视频7：审核功能
（相关内容：5.3.3）

视频8：同望软件功能详解
（相关内容：3.1.1）

参 考 文 献

[1] 中华人民共和国行业标准.JTG/T B06-01—2007 公路工程概算定额[S].北京:人民交通出版社,2007.
[2] 中华人民共和国行业标准.JTG/T B06-02—2007 公路工程预算定额[S].北京:人民交通出版社,2007.
[3] 中华人民共和国行业标准.JTG/G B06-03—2007 公路工程机械台班费用定额[S].北京:人民交通出版社,2007.
[4] 中华人民共和国行业标准.JTG B06—2007 公路工程基本建设项目概算预算编制办法[S].北京:人民交通出版社,2007.
[5] 交通运输部.公路工程标准施工招标文件(2018年版)(交通运输部2017年第51号)[Z].2018.
[6] 赵晞伟,公路工程定额应用释义[M].北京:人民交通出版社,2009.
[7] 邬晓光,等.《公路工程预算定额》理解与应用[M].北京:人民交通出版社,2008.
[8] 周直,崔新媛.公路工程造价原理与编制[M].北京:人民交通出版社,2008.
[9] 刘燕,涂忠,沈其明,等.公路工程造价编制与管理[M].北京:人民交通出版社,2009.
[10] 郝伟,公路工程概算预算与工程量清单计价[M].北京:中国建筑工业出版社,2013.
[11] 周庆华.焦莉.公路工程定额编制与运用[M].北京:中国建筑工业出版社,2012.
[12] 同望科技.同望WECOST公路工程造价管理系统用户手册[Z].6版.2018.